100 MOMENTE MIT MANDELA

T E S S A Publishing (Pty) Ltd.,

Valuta Trust Building, 74 Shortmarket Street,

8001 Cape Town, South Africa

www.tessa-publishing.com

100

MOMENTE MIT

MANDELA

Kate Sidley

TESSA

Cape Town | Stuttgart

Erste Veröffentlichung 2018 unter dem Titel
„100 MANDELA MOMENTS“
durch
JONATHAN BALL PUBLISHERS
in Südafrika

Titelbild: Nelson Mandela winkt in Paris, 7. Juni 1990,
AFP/Getty Images

Übersetzt aus dem Englischen von
Tobias Willbold

Erstausgabe 2021

ISBN: 978-3-947925-14-8
E-Book: 978-3-947925-15-5

INHALT

ZEITLEISTE

1918 18. Juli: Nelson Mandela wird in Mvezo am Ostkap geboren

1939 Schreibt er sich am University College of Fort Hare ein

1941 Kommt er nach Johannesburg

1943 Tritt dem African National Congress (ANC) bei

1944 Heiratet er Evelyn Mase; gründet die ANC Youth League

1948 Die Nationale Partei kommt an die Macht

1952 Die Trotzkampagne beginnt. Mandela gründet eine Anwaltskanzlei mit Oliver Tambo; wegen Verstoßes gegen das Gesetz zur Unterdrückung des Kommunismus wird er verhaftet und zu einer Bewährungsstrafe verurteilt

1955 ANC verabschiedet die Freiheitscharta

1956 Mandela wird verhaftet und wegen Hochverrats angeklagt; Beginn des Verratsprozesses

1958 Scheidung von Evelyn und Heirat mit Winnie Madikizela

1960 Massaker von Sharpeville; Ausnahmezustand erklärt; ANC und PAC werden verboten

1961 Südafrika wird eine Republik

1961 Mandela wird des Verrats freigesprochen und geht in den Untergrund

1961 Gründung von Umkhonto we Sizwe (MK)

1962 Mandela verlässt heimlich das Land zur militärischen Ausbildung in Afrika

1962 Er wird verhaftet und zu fünf Jahren Haft verurteilt, weil er das Land illegal verlassen hatte

1963 Wegen Sabotage im Rivonia-Prozess angeklagt

1964 Beginnt die lebenslange Haftstrafe auf Robben Island

1982 In das Pollsmoor-Gefängnis verlegt

1985 Ausnahmezustand erklärt

1986 Zweiter Ausnahmezustand erklärt

1988 Mandela wird in das Victor Verster Gefängnis verlegt

1990 Das Verbot vom ANC und anderen Befreiungsorganisationen wird aufgehoben und Mandela nach 27 Jahren Haft freigelassen

1993 Mandela erhält den Friedensnobelpreis (mit FW de Klerk)

1994 Erste demokratische Wahl; Mandela wurde am 10. Mai zum Präsident von Südafrika vereidigt

1997 Tritt er als ANC-Präsident zurück

1998 Heiratet er Graça Machel an seinem 80. Geburtstag

1999 Tritt er als Präsident von Südafrika zurück

2004 Zieht sich Mandela aus dem öffentlichen Leben zurück

2013 5. Dezember: Tod von Nelson Mandela

MANDELA ALS JUNGE

NAMENSRITEN

Am 18. Juli 1918 wurde in Mvezo, einem winzigen Dorf im Distrikt Umtata (heute Mthatha), ein Baby von Nosekeni Fanny und Gadla Henry Mphakanyiswa geboren. Der Vater des Babys war ein Häuptling und ein Berater des örtlichen Königs und sie waren eine Familie von gewissem Ansehen in der Gemeinde, auch wenn sie zu den weniger bedeutenden Mitgliedern des Königshauses des Thembu-Stammes gehörten. Dieses neue Baby würde im königlichen Haushalt aufwachsen, obwohl es nicht in der Linie der Thronfolger stand.

Das Kind hieß Rolihlahla Mandela. Die wörtliche Bedeutung des isiXhosa-Namens Rolihlahla bedeutet "den Ast eines Baumes ziehen", aber es wird allgemeiner als "Unruhestifter" verstanden. Es gibt ein altes Sprichwort, welches besagt, dass ein geliebtes Kind viele Namen hat, und dies war der erste von vielen Namen, die dem Kind durch Familie, Kultur und Zuneigung zugewiesen wurde.

Am Tag seines Schuleintritts gab der Lehrer, so wie es damals üblich war, jedem Kind einen englischen Namen. Sein neuer Name war Nelson, von dem er später spekulierte, dass er für Lord

Nelson, den großen britischen Marinehelden, bestimmt gewesen sein könnte.

In seinem langen Leben verursachte und erlebte Nelson Rolihlahla Mandela Probleme und erwies sich als ein großartiger Anführer. Vielleicht waren die Namen also gut gewählt.

Madiba, sein Clanname, bezog sich auf den Thembu-Häuptling, der im 18. Jahrhundert die Transkei regierte. In späteren Jahren war Mandela unter diesem Namen weithin und liebevoll bekannt.

Nachdem Mandela das traditionelle Xhosa-Initiationsritual durchlaufen hatte, erhielt er den Namen Dalibhunga, was „Gründer des Rates" bedeutet.

Seine Stadtfreunde nannten ihn manchmal Nel, als er ein junger Mann war. Im Laufe der Zeit wurde Mandela liebevoll als Tata bekannt; diesen Begriff verwenden die isiXhosa für „Vater". Und dann Khulu, eine Kurzform des Wortes für „Großvater". Alte Kampfkameraden nannten ihn manchmal „den alten Mann".

VON ESELN UND EHRLOSIGKEIT

Ein junger Nelson Mandela und die einheimischen Jungen sprangen abwechselnd auf den Rücken eines widerspenstigen Esels. Als er an der Reihe war, genau in dem Moment, als Mandela aufsprang, stürzte das Biest in den nahe gelegenen Dornbusch und er wurde zerkratzt und blutverschmiert zu Boden geworfen, sehr zu seiner Demütigung (und zweifellos zur großen Belustigung der anderen Jungen).

Mandelas Autobiografie *Long Walk to Freedom* beschreibt, wie ihm diese Demütigung seiner Kindheit eine Lektion erteilte. Er schrieb: „Ich hatte unter meinen Freunden das Gesicht verloren. Obwohl es ein Esel war, der mich vom Platz gestellt hat, habe ich gelernt, dass eine andere Person zu demütigen bedeutet, dass sie ein unnötig grausames Schicksal erleidet. Schon als Junge habe ich meine Gegner besiegt, ohne sie zu entehren."

Es war nur eine von vielen Lektionen, die er in seinem kleinen Dorf Qunu gelernt hat. Mandela verbrachte seine Zeit damit, mit den Dorfjungen in der Steppe zu spielen, mit Stöcken zu kämpfen, Obst und Honig zu sammeln, Vögel und Fische zu fangen, über die Hügel zu spazieren und die

Bäche zu durchschwimmen sowie Vieh zu hüten. Es war eine Erfahrung, die ihm eine tiefe und dauerhafte Liebe zum Land gab. Viel später, während seiner Jahre im Gefängnis, dachte er an diese Tage zurück und schrieb über die einfachen Freuden einer ländlichen Kindheit - Milch direkt aus dem Euter einer Kuh trinken und Mielies über offenem Feuer zu rösten.

Mandela sollte sich vielen mächtigen und bedrückenden Gegnern stellen. Während er mutig und mit voller Wucht gegen sie kämpfte und, als die Zeit gekommen war, dass er die Macht innehatte, erlaubte er ihnen die Gelegenheit, ohne Demütigung auf seine Seite zu treten.

SCHULTAGE

Mit sieben Jahren erhielt Rolihlahla eine abgeschnittene Hose seines Vaters, die mit einem Stück Schnur festgemacht war und so wurde er zur Schule losgeschickt. Es klingt nicht besonders bemerkenswert, aber er war der erste in seiner Familie, der eine formelle Schule besuchte.

Es war das Wort eines pensionierten Schullehrers, das Nelson Mandela auf seinen Bildungsweg brachte. Dieser Mann, George Mbeka, war ein Freund von Mandelas Vater und eine Ausnahme im Dorf, da er sowohl gebildet als auch christlich war. Eines Tages besuchte er Rolihlahlas Mutter und sagte: "Ihr Sohn ist ein kluger junger Mann. Er sollte zur Schule gehen."

Sie wusste nicht, was sie mit diesem völlig unerwarteten Vorschlag anfangen sollte - niemand in der Familie war jemals zur Schule gegangen, und weder sie noch ihr Ehemann konnten lesen und schreiben -, aber sie gab ihn an ihren Ehemann weiter, der beschloss, dass ihr jüngster Sohn der erste sein würde.

Und los ging er in seiner zu großen Hose von seinem Haus aus zur Einraumschule über dem Hügel.

DAS KÖNIGSHAUS

Unerwartet musste Rolihlahla das Dorf Qunu verlassen, das einzige Zuhause, das er jemals hatte, die Hütten und Felder und Weiden, in denen er gespielt hatte, und die Kinder, die er sein ganzes Leben lang gekannt hatte. Sein Vater war an Tuberkulose gestorben und seine Mutter gab bekannt, dass sie Qunu verlassen würden.

Mutter und Sohn machten sich zu Fuß auf den Weg. Der Ort, an den sie kamen, war im Vergleich großartig, ein großes weiß getünchtes Haus mit einem schönen Garten, Gemüse und Blumen und Obstbäumen und großen gesunden Herden von Rindern und Schafen. Sogar ein Auto! Dies war der Große Ort in Mqhekezweni, der königlichen Residenz des Cousins seines Vaters, Jongintaba Dalindyebo, dem Regenten des Thembu-Volkes. Er sollte Mandelas Vormund und Wohltäter werden. Der attraktive Sohn des Regenten, Justice, sollte sein älterer Bruder und bester Freund werden.

Ohne ein Gefühl zu zeigen, nur mit einem zärtlichen Blick, ließ Mandelas Mutter ihren Jungen an dem Ort zurück, an dem er in einem Stil erzogen werden sollte, den sie nicht bieten konnte. Er war neun Jahre alt und passte sich eifrig seiner neuen Welt an.

An der örtlichen Schule studierte Mandela Englisch, Xhosa, Geschichte und Geographie, und wieder erregte dieser kluge Junge die Aufmerksamkeit seiner Lehrer (obwohl er seinen Erfolg mehr auf Hartnäckigkeit und

Selbstdisziplin als auf Klugheit zurückführen würde). Aber er lernte auch so viel, indem er die Häuptlinge und Anführer beobachtete und ihnen zuhörte, die zum Großen Platz kamen, um den Regenten zu konsultieren und Streitigkeiten beizulegen. Er hörte Geschichten von afrikanischen Helden und Kriegern, wie er sie noch nie gekannt hatte. Er hörte von der bösen weißen Königin über dem Wasser. Es war eine wichtige und prägende Zeit. Er verinnerlichte die Vorstellung von Ubuntu - dass wir als Menschen in gegenseitigem Mitgefühl und Respekt aneinander gebunden sind.

Er achtete darauf, wie Fälle auf Stammestreffen vorgestellt und entschieden wurden, fasziniert von seinem ersten Eindruck von rechtlichen Angelegenheiten. Mandela schrieb später, dass seine eigenen Vorstellungen von Führung stark vom Regenten und seinem Hof beeinflusst wurden. Jeder Mann, der vor das Gericht kam, wurde gehört, vom großartigsten bis zum bescheidensten, und der Regent hörte zu, ohne zu unterbrechen. Die Sitzungen würden fortgesetzt, bis ein Konsens erzielt worden sei. Mandela betrachtete dies als die reinste Demokratie und folgte den Prinzipien selbst in seinem politischen Leben. Er würde sich immer an Jongintabas Ansicht erinnern, dass ein Anführer seine Herde mit sanfter Überredung hüten und Streuner zurückziehen sollte, um sich dem Hauptkörper der Herde anzuschließen.

EIN MANN WERDEN

Es war Zeit für den jungen Rolihlahla, ein Mann zu werden. Er war 16, aber sein Alter war nicht der bestimmende Faktor. In der Xhosa-Tradition wird ein Junge durch Einweihung und Beschneidung zum Mann. Egal, wie alt er ist, bleibt er, ohne dieses Ritual zu durchlaufen, ein Junge. Ohne diesen Schritt zu tun darf er traditionsgemäß nicht heiraten, erben oder Stammesrituale durchführen.

Eine Gruppe von Jungen macht diese Reise von Kindheit zu Männlichkeit gemeinsam, isoliert vom Rest der Gesellschaft. Mandela sollte zusammen mit Justice und anderen Freunden aus der Kindheit, insgesamt 26 Jungen, das Initiationsritual durchlaufen.

Es war üblich, dass die Jungen vor der Zeremonie eine mutige Tat vollbrachten. Früher war dies vielleicht eine Schlacht oder ein Überfall, aber zu seiner Zeit würde jede gewagte Tat genügen. Sie beschlossen, ein Schwein zu stehlen und es mit einer Spur des Futters aus hausgemachtem Bier aus seinem *Kraal* (Einzäunung) zu locken. "Das alte Schwein machte sich allmählich auf den Weg zu uns, keuchte und schnaubte und aß das Sediment. Als es in unsere Nähe kam, nahmen wir das arme Schwein gefangen, schlachteten es, machten ein Feuer und aßen Schweinebraten unter den Sternen. Kein Stück Schweinefleisch hat jemals zuvor oder seitdem so gut geschmeckt."

In seiner Autobiografie beschreibt Mandela dies als eine heilige Zeit, in der er die letzten Tage seiner Kindheit mit seinen Eingeweihten genießt.

Nach der Beschneidung - die bis auf den Schrei „Ich bin ein Mann!" in stoischer Stille ertragen werden musste - erhielt er den Namen Dalibhunga, was „Gründer der Bungha" bedeutet, dem traditionell herrschenden Körper der Transkei.

Mandela erzählt von seiner Reaktion auf die Rede, die Chef Meli Gqili bei der großen Zeremonie hielt, die die Abgeschiedenheit der Eingeweihten beendete. Dabei ehrte er die jungen Männer und das Ritual, an dem sie teilgenommen hatten, und wechselte dann die Richtung, um ihnen zu erklären, dass das Versprechen der Männlichkeit eine Illusion ist:

„Denn wir Xhosas und alle schwarzen Südafrikaner sind ein erobertes Volk. Wir sind Sklaven in unserem eigenen Land. Wir sind Mieter auf unserem eigenen Boden... Die Fähigkeiten, die Intelligenz und das Versprechen dieser jungen Männer werden in ihrem Versuch, ihren Lebensunterhalt mit den einfachsten und sinnlosesten Aufgaben für den weißen Mann zu bestreiten, verschwendet...“

Mandela war wütend über die "unwissenden" Bemerkungen des Chefs, die seinen stolzen und besonderen Tag verdarben. Aber er schrieb: „Scinc Worte begannen auf mich zu wirken. Er hatte einen Samen gesät, und obwohl ich diesen Samen für eine lange Zeit ruhen ließ, begann er schließlich zu wachsen. Später wurde mir klar, dass der unwissende Mann an diesem Tag nicht der Chef, sondern ich selbst war.“

Die Initiierung markierte nicht nur seinen Eintritt in die Männlichkeit, sondern auch die ersten Regungen des politischen Bewusstseins.

SICH AUSBREITENDE HORIZONTE

Es wurde getanzt und gesungen. Ein Schaf wurde geschlachtet. Es war ein großartiger Anlass. Und das alles zu Ehren des jungen Rolihlahla Nelson Mandela.

Eines Tages würde dieser Mann politische Organisationen leiten. Er würde einen Friedensnobelpreis erhalten. Er würde als Präsident von Südafrika eingeweiht. Aber dies war die erste Feier, die ihm zu Ehren abgehalten wurde, und die Leistung war relativ überschaubar - er hatte die Grundschule abgeschlossen und bestanden und sollte bald den Weg zur High School finden. Mandela freute sich über die Feier und das Geschenk des Regenten - das erste Paar Stiefel des Jungen.

Der Regent hatte Pläne für Mandela. Und sie beinhalteten nicht die Arbeit in den Goldminen des weißen Mannes. Er sollte ein Berater des Königs werden, und das bedeutete, dass er eine Ausbildung brauchte. Er schrieb sich am Clarkebury Boarding Institute ein, der ältesten Mission der Wesleyaner und der besten Schule für Afrikaner in der Transkei. Es hatte besondere Bedeutung für die königliche Familie Thembu. Mandelas Urgroßvater war maßgeblich an der Gründung der Schule beteiligt, nachdem er das

Land gegeben hatte, auf dem sie gebaut worden war. Der Regent selbst hatte dort studiert, ebenso wie sein Sohn Justice.

Clarkebury war streng, rigoros und hierarchisch - eine echte Veränderung gegenüber der Dorfschule. Hier traf Mandela afrikanische Lehrer mit Universitätsabschluss und Reverend Cecil Harris, den Schulleiter, den der Regent als weißen Thembu betrachtete.

Mandela stellte bald fest, dass niemand von seiner illustren Abstammung besonders beeindruckt war - er war nur einer der Jungen. Und noch dazu ein Landjunge. Er stapfte in seinen ungewohnten neuen Stiefeln herum, "wie ein Pferd in Sporen", und fing sich zu seiner Demütigung und zu seinem Ärger das Necken und Gelächter der Mädchen ein.

Er stand bald auf eigenen Füßen. Er bestand das dreijährige Programm in zwei Jahren und folgte Justice nach Healdtown, dem Wesleyan College in Fort Beaufort. Es war eine der größten Schulen für Afrikaner auf dem Kontinent mit mehr als 1.000 Schülern und wurde streng nach englischem Vorbild mit einem weitgehend eurozentrischen Lehrplan betrieben, der sich auf die britische Geschichte, Geographie und Kultur konzentrierte.

Der altbekannte Xhosa-Dichter und Lobesänger Krune Mqhayi kam nach Healdtown, und sein Besuch traf den jungen Gelehrten "wie ein Komet, der über den Nachthimmel streift". Die Studenten und Mitarbeiter versammelten sich im Speisesaal, an dessen Ende sich eine Bühne befand. Eine Tür führte von der Bühne zum Haus des Direktors Dr. Wellington. „Die Tür selbst war nichts Besonderes", schrieb Mandela. „Aber wir haben es als Dr. Wellingtons Tür angesehen, denn niemand ist jemals durch sie gegangen, außer Dr. Wellington selbst."

Die Tür öffnete sich und der Dichter kam herein, dramatisch gekleidet in einen traditionellen Kaross aus Leopardenfell und Hut, in jeder Hand einen Speer haltend. Mandela schrieb später: „Der Anblick eines schwarzen Mannes in Stammeskleidung, der durch diese Tür kam, war elektrisierend. Es ist schwer zu erklären, welche Auswirkungen es auf uns hatte. Es schien das Universum auf den Kopf zu stellen. . . Irgendwann hob er sein Assegai zur Betonung in die Luft und schlug versehentlich auf den Vorhangdraht über ihm, was ein scharfes Geräusch machte und den Vorhang zum Schwanken brachte... Er stand uns gegenüber und rief mit neuer Energie aus, dass dieser Vorfall - der Assegai, der den Draht schlägt - den Konflikt zwischen der Kultur Afrikas und der Europas symbolisierte. Seine Stimme erhob sich und er sagte: „... Der Assegai steht für das, was in der afrikanischen Geschichte herrlich und wahr ist. Es ist ein Symbol des Afrikaners als Krieger und des Afrikaners als Künstler."

Der Dichter schimpfte gegen Ausländer, die sich nicht für die afrikanische Kultur interessierten: „Eines Tages werden die Kräfte der afrikanischen Gesellschaft einen bedeutenden Sieg über den Eindringling erringen. Zu lange sind wir den falschen Göttern des weißen Mannes erlegen. Aber wir werden auftauchen und diese fremden Vorstellungen ablegen." Mandela war erstaunt, begeistert und hin- und hergerissen von diesem mächtigen, unverblümten Sprecher und vergaß ihn nie.

INMITTEN DER INTELLEKTUELLEN ELITE

1939 schrieb sich Nelson Mandela am University College of Fort Hare ein. Die Institution bestand erst seit zwei Jahrzehnten und hatte nur 200 Studenten, aber es war die Heimat der schwarzen intellektuellen Elite, von denen viele später Führer werden würden.

Mandela liebte Fort Hare. Er war neuen Ideen, brillanten Köpfen und allen Arten von Beschäftigungen ausgesetzt, intellektuell, physisch und sozial. Er trat der Theatergesellschaft bei und lernte Gesellschaftstanz. Er spielte Fußball und trat im Langlauf an. Er schrieb, dass der letztere Sport ihn lehrte, seinen Mangel an natürlichem Lauftalent mit Fleiß und Disziplin auszugleichen: „Ich habe dies auf alles angewendet, was ich getan habe. Schon als Student habe ich viele junge Männer gesehen, die große natürliche Fähigkeiten besaßen, aber nicht dic Selbstdisziplin und Geduld hatten, um auf ihrer Begabung aufzubauen."

Hier lernte Mandela Oliver Tambo kennen, der später sein Rechtsanwaltspartner, Kamerad und geliebter lebenslanger Freund werden würde. Tambo war ein Top-Gelehrter und Debattierer und im Gegensatz zu Mandela bereits politisch aktiv. Die beiden standen sich während ihrer Studienzeit nicht nahe, und es gab noch keinen Hinweis darauf, dass ihr Leben für die kommenden Jahrzehnte eng miteinander verbunden sein würde.

Mandelas Mentor war zu dieser Zeit Kaiser Matanzima, der, obwohl er Mandelas Neffe war, älter und selbstbewusster und raffinierter als

Mandela war und dazu bestimmt war, ein König der Thembu-Linie zu sein. Zu dieser Zeit vergötterte Mandela KD, wie er genannt wurde, und die beiden waren immer in der Gesellschaft des anderen zu finden. Sie waren groß geworden und gut gekleidet und machten eine wirklich gute Figur. Matanzima erinnerte sich an sie zu jener Zeit: "Wir beide waren sehr hübsche junge Männer, und alle Frauen wollten uns."

Ihre enge Beziehung würde nicht von Dauer sein. Ihre politischen Wege hätten unterschiedlicher nicht sein können. Während Mandela seine Heimat im African National Congress (ANC) fand, wurde Matanzima "Staatspräsident" der Transkei und ein Verfechter des "Heimat"-Systems der Apartheid-Regierung, das scheinunabhängige Staaten schuf, denen schwarze Südafrikaner nach ihrer ethnischen Zugehörigkeit zugewiesen wurden.

VORGESETZTE UND PRINZIPIEN

Während er in Fort Hare war, stieß Mandela zum ersten Mal wegen einer Grundsatzfrage mit der Autorität zusammen und zeigte die „stolze Rebellion, das hartnäckige Gefühl der Fairness“, die er von seinem Vater geerbt zu haben glaubte. Er studierte seit zwei Jahren, als er vor einer schwierigen Entscheidung stand, die einen erheblichen Einfluss auf sein Leben haben würde.

Vor der Wahl des Student Representative Council (SRC) brachten die Studenten ihre Beschwerden vor - schlechtes Essen und nicht genügend wirkliche Macht gegenüber dem SRC - und stimmten zu, die Wahl zu boykottieren, sofern die Universitätsbehörden ihre Forderungen nicht akzeptierten. Mandela gehörte zu den sechs Vertretern, die von der kleinen Minderheit der stimmberechtigten Studenten gewählt wurden. Die Vertreter traten zurück. Eine zweite Abstimmung fand mit demselben Ergebnis statt - einer kleinen Wahlbeteiligung und denselben sechs Vertretern. Diesmal stimmten die anderen Vertreter zu, im SRC zu bleiben - aber nicht Nelson Mandela. In der Überzeugung, dass dieses Ergebnis nicht den Willen der Mehrheit der Studenten widerspiegelte, trat Mandela von seiner Position zurück.

Der Direktor der Universität, Dr. Kerr, bat ihn, es sich noch einmal zu überlegen, und warnte Mandela, dass er ausgeschlossen würde, wenn er darauf bestand, aus dem SRC auszutreten.

So stand Mandela vor einer schwierigen Entscheidung - ob er dem Weg folgen sollte, von dem er sich sicher war, dass er moralisch korrekt war, und seine akademische Karriere sabotierte oder sich zurückzog und sein Studium abschloss.

Er folgte seinen Prinzipien und seinem eigenen Sinn für Entscheidungsfreiheit, wie er in seiner Autobiografie erklärt: „Ich wusste, dass es tollkühn für mich war, Fort Hare zu verlassen, aber in dem Moment, als ich Kompromisse eingehen musste, konnte ich das einfach nicht. . . Ich ärgerte mich über seine absolute Macht über mein Schicksal. Ich hätte jedes Recht haben sollen, aus dem SRK auszutreten, wenn ich wollte..."

FLUCHT IN DIE GOLDSTADT

Als Mandela nach seinen Prüfungen nach Mqhekezweni zurückkehrte, war sein Vormund, der Thembu-Regent Jongintaba Dalindyebo, überhaupt nicht zufrieden mit dem, was er als unerklärlichen und unsinnigen Standpunkt des jungen Mannes in Fort Hare ansah. Warum eine vielversprechende Karriere in einer solchen Angelegenheit wegwerfen? Er sagte Mandela, er solle tun, was der Schulleiter wollte, sich entschuldigen und zur Universität zurückkehren.

Ein paar Wochen nach der Pause rief der Regent seinen Sohn Justice und Mandela zusammen und ließ eine Bombe platzen - er hatte für beide Ehen mit Mädchen aus guten Familien arrangiert. Dies waren junge Frauen, die sie kannten, für die sie jedoch keine Anziehungskraft oder besondere Zuneigung empfanden - tatsächlich war das für Mandela ausgewählte Mädchen schon lange in Justice verliebt. Egal, *Lobola* (Brautpreis) wurde abgesprochen und die Hochzeiten sollten sofort stattfinden.

Dies alles lag im Rahmen der Bestimmungen des Thembu-Gesetzes, und es war nicht Sache der beiden jungen Männer, sich zu streiten. Wieder war Mandela in der Klemme. Der Regent hatte ihn nach dem Tod seines Vaters aufgenommen, ihn als seinen eigenen Sohn erzogen und für seine Ausbildung bezahlt. Mandela schuldete ihm viel. Aber eine ungewollte Ehe mit einer jungen Frau, die er nicht liebte? Nein. Mandela, der selbst beschriebene Romantiker, würde nicht zulassen, dass jemand anderes eine Braut für ihn auswählte - selbst wenn dieser jemand der Regent war. Justice fühlte sich genauso. Trotz Tradition und Autorität beschlossen sie, den Plan des Regenten abzulehnen. Zu dieser Zeit und an diesem Ort war dies eine zutiefst rebellische Handlung. Die beiden jungen Männer schmiedeten den Plan, nach Johannesburg zu fliehen. Um ihre Flucht zu finanzieren, verkauften sie zwei der Preisochsen des Regenten an einen örtlichen Händler.

Und so begann 1941 Mandelas Leben in der sagenumwobenen Stadt des Goldes, die vor elektrischem Licht und Möglichkeiten nur so glitzerte. Hier begann er nach einer kurzen Zeit als Wachmann in den Minen mit den Dingen, die ihn definieren würden - seiner Karriere als Anwalt, seiner Liebe und seiner Familie und seinem sich entwickelnden politischen Bewusstsein.

Er hatte Fort Hare verlassen, ohne sein Studium abgeschlossen zu haben, aber Mandela hatte seinen Ehrgeiz, Anwalt zu werden, nicht aufgegeben. Ein hilfsbereiter Cousin bot an, ihn einem einflussreichen Geschäftsmann und lokalen Führer vorzustellen, der im Immobiliengeschäft tätig war und möglicherweise helfen konnte. Dieser Mann war Walter Sisulu.

Sisulu hörte Mandelas Geschichte - die Schwierigkeiten in Fort Hare, seine Entschlossenheit, Anwalt zu werden, seine

Absicht, auf dem Schriftweg zu studieren. In einem Interview beschrieb er ihr erstes Treffen: „Die Persönlichkeit von Nelson hat mich sofort beeindruckt. Ich war übrigens zu diesem Zeitpunkt bereits dem Afrikanischen Nationalkongress beigetreten und konnte an den Konferenzen des ANC teilnehmen. Und als er kam, fand ich eine Person, die gerade meine Hoffnung, mein Streben beantwortete. Dies ist ein junger Mann, der entwickelt werden muss und der eine große Rolle in der Bewegung spielt. Seine Persönlichkeit war sehr auffällig, sehr warm. Wenn er am nächsten Tag nicht gekommen wäre, hätte ich ihn gesucht."

Sisulu sollte mit seinem feinen Verstand ein Mentor für Mandela werden. Viele Jahre später, im Jahr 2011, sagte Mandela bei Sisulus Beerdigung: „Von dem Moment an, als wir uns das erste Mal trafen, war er mein Freund, mein Bruder, mein Bewahrer, mein Kamerad." Sisulus unmittelbarer Einfluss bestand darin, Mandela Lazar Sidelsky vorzustellen, einem fortschrittlichen weißen Anwalt. Und so bekam Mandela seinen ersten Job in einer Anwaltskanzlei und arbeitete als Angestellter, während er sein Studium abschloss.

Mandela war arm und reiste manchmal zu Fuß die 20 Kilometer von seinem Haus in der

Gemeinde Alexandra zu seinem Job in der Stadt, um den Busfahrpreis zu sparen. Aber er begann seine Karriere, unterstützte sich selbst und erweiterte seinen Horizont in der Großstadt Johannesburg. Hier traf er seinen ersten weißen Freund, wurde zu gemischtrassigen Zusammenkünften eingeladen, stieß zuerst auf Kommunisten und erwarb seinen BA-Abschluss. Hier verliebte er sich und hatte Kinder. Er gründete eine Anwaltskanzlei. Und hier entwickelte er die politischen Ideen und das Bewusstsein, die sein Leben bestimmen würden.

MANDELA ALS JUNGER MANN

DIE GRÜNDUNG DER ANC-JUGEND-LIGA

Das Sisulu-Haus in Orlando war für Nelson Mandela und andere Aktivisten ein Zuhause in der Ferne. Die einladende Atmosphäre, die spannende politische Diskussion und die Küche von Ma Sisulu zogen sie an, und hier traf Mandela jemanden, der sein Leben nachhaltig beeinflussen würde - Anton Lembede.

Als einer der wenigen afrikanischen Anwälte dieser Zeit besaß Lembede mehrere Grade, einen brillanten und ungewöhnlichen Geist und eine magnetische Persönlichkeit. Seine Ansichten zum afrikanischen Nationalismus fanden großen Anklang bei Mandela, Tambo, Sisulu, Peter Mda, Dr. Lionel Majonbozi und anderen. Für diese jungen Männer schien die ANC-Führung alt, müde und nicht ausreichend militant zu sein. Eine Jugendliga wäre genau das Richtige, um die Dinge aufzurütteln und aufzuwecken und den ANC zu Massenaktionen zu drängen.

Mandela war Teil einer Delegation unter der Leitung von Lembede, die Dr. Alfred Xuma, dem Präsidenten des ANC, die Idee vorschlug. Xuma hatte das Gefühl, dass der ANC nicht zu Massenaktionen bereit war, aber sie arbeiteten weiter an einem Manifest für die neue

Organisation. Und so wurde am Ostersonntag 1944 die ANC Youth League (ANCYL) im Bantu Men's Social Center in der Eloff Street gegründet. Sie bestand aus einer kleinen Gruppe - ungefähr 100 Personen - von hauptsächlich Fort Hare-Studenten, Gewerkschaftern und anderen klugen jungen Männern mit einem leidenschaftlichen Glauben an den afrikanischen Nationalismus. Sie waren vorsichtig gegenüber Kommunisten und der weißen Linken. Sie glaubten, dass die Afrikaner nur durch ihre eigenen Bemühungen befreit werden würden, und betrachteten sich als das „Intelligenz-Kartell und das Machtzentrum“ des afrikanischen Nationalismus.

Lembede wurde zum ersten Präsidenten der Jugendliga und Oliver Tambo zum ersten Sekretär gewählt. Mandela war im Exekutivkomitee, ebenso wie Sisulu. Es war schwer vorstellbar, doch gab Mandela zu, von der politischen Scharfsinnigkeit und Beredsamkeit seiner Jugendkollegen eingeschüchtert zu sein.

Leider starb Lembede im Juli 1947 im Alter von 33 Jahren plötzlich. Bei einem Treffen zur Erörterung des ANCYL-Geschäfts beschwerte er sich bei Mandela über Schüttelfrost und plötzliche Magenschmerzen. Seine Kollegen fuhren ihn ins Krankenhaus, aber er starb in dieser Nacht. Es war ein großer Verlust für die Bewegung.

ERSTE LIEBE

Es war nicht nur Lembede, den Mandela im geschäftigen Sisulu-Haus traf. Dort lernte er Walters Cousine Evelyn Mase kennen, die seine erste Frau werden sollte. "Sie war ein ruhiges, hübsches Mädchen, das vom Kommen und Gehen nicht überwältigt zu sein schien", schrieb er. Evelyn stammte aus der Transkei, wie ihr baldiger Ehemann, und wohnte im Haus der Sisulus, während sie eine Ausbildung als Krankenschwester im außereuropäischen Allgemeinen Krankenhaus von Johannesburg absolvierte.

Evelyn und Nelson verliebten sich und heirateten am 5. Oktober 1944 am Gericht des Native Commissioner mit Walter und Albertina Sisulu als Trauzeugen.

1946 zogen sie in ein Zweizimmerhaus in Orlando East und ihr erster Sohn, Madiba Thembekile (Thembi), wurde geboren. Mandela hat darüber geschrieben, wie er die Häuslichkeit genoss - Gäste in seinem eigenen Haus zu unterhalten, seinen Jungen zu baden -, aber angesichts seiner anderen Verpflichtungen wenig Zeit dafür hatte. Die Politik nahm viel Zeit in Anspruch und 1947 gab er seinen Job auf, um seinen Bachelor of Law zu machen. Evelyn unterstützte die Familie mit ihrem Gehalt.

Ein zweites Kind, ein kleines Mädchen, wurde geboren, aber Makaziwe war krank und gebrechlich und starb nach neun Monaten - ein verheerender Verlust. Ein Junge, Makgatho, folgte und dann eine weitere Tochter, ebenfalls Makaziwe genannt, zu Ehren der ersten Tochter, die sie verloren hatten.

Die Ehe war von vielen Seiten unter Druck. 1953 verbrachte Evelyn Monate außer Haus auf einem Hebammenkurs in Durban, während Verwandte in das Haus zogen, um sich um die kleinen Kinder zu kümmern. Mandelas Zeitplan war unerbittlich zwischen seinem zunehmenden politischen Engagement und der Anwaltskanzlei, die er mit Oliver Tambo eröffnete. Evelyn wollte, dass er die Politik aufgibt und die Familie in die Transkei zurückbringt.

Der Unterschied in ihren Weltanschauungen wurde noch größer, als Evelyn eine Zeugin Jehovas wurde. Ihre Hingabe an ihre Religion entsprach Mandelas Hingabe an den Kampf. Der Konflikt zwischen ihren Überzeugungen wurde unhaltbar und begann, ihre Kinder zu verschlingen. Während Mandela mit den Kindern über Politik sprach, brachte Evelyn sie in die Kirche und verteilte das *Wachtturm-Magazin*. Ihre Unterschiede waren unvereinbar.

Die Dinge spitzten sich zu, als Mandela wegen Hochverrats verhaftet wurde. Gegen Kaution kehrte er nach Hause zurück und stellte fest, dass sein Haus leer war - sogar die Vorhänge waren entfernt worden - und seine Frau und seine Kinder waren weg. 1957, dreizehn Jahre nach ihrer Heirat, ließ sich das Ehepaar scheiden.

Die Trennung war schwer für die Kinder und ihr Leiden schmerzte Mandela zutiefst. Mandela schrieb in seiner Autobiografie: „Sie war eine sehr gute Frau, charmant, stark und treu und eine gute Mutter. Ich habe nie meinen Respekt und meine Bewunderung für sie verloren, aber am Ende konnten wir unsere Ehe nicht zum Funktionieren bringen.“

Danach kehrte Evelyn zum Ostkap zurück und eröffnete ein Lebensmittelgeschäft, das sie und ihre Kinder unterstützte. 1998 heiratete sie den Soweto-Geschäftsmann Simon Rakeepile, ebenfalls Zeuge Jehovas.

„ALS ICH MANDELA TRAF ..."

Es kommt nicht oft vor, dass wir uns an ein erstes Treffen mit einem lieben Freund erinnern, aber Anwalt George Bizos erinnert sich an das erste Mal, als er mit dem Mann sprach, der (wiederholt!) sein Klient und sein lebenslanger Freund werden sollte. Es war das Jahr 1948, nach einem Massenstudententreffen in der Großen Halle der Wits University, das als Reaktion auf die Pläne der Regierung zur Einführung eines rassistisch begründeten Quotensystems einberufen worden war. Bizos, ein 21-jähriger BA-Student im ersten Jahr, stand auf und hielt eine spontane Rede mit dem Vorschlag, der Regierung ein Ultimatum zu stellen: Wenn die Quote umgesetzt würde, würden die Studenten streiken.

Bizos schaffte es auf die Titelseite der Afrikaans-Tageszeitung *Die Transvaler*, die durch seine Aussage angemessen entrüstet war: „Wenn die Befürwortung der Gleichbehandlung meiner Kommilitonen mich zu einem Linken macht, bin ich stolz darauf, einer zu sein!"

„Und so war es auch" erinnerte sich Bizos in seinen Memoiren *65 Jahre Freundschaft*, „dass Nelson Mandela einige Tage später auf den Stufen der Großen Halle auf mich zukam und sein wundervolles Lächeln lächelte. Er musste sich nicht vorstellen, obwohl er es natürlich tat. Wie die meisten Studenten auf dem Campus wusste ich, wer er war. Ich hatte ihn sprechen hören."

Zu dieser Zeit war Mandela 30 Jahre alt und es sollte das letzte Jahr seines Bachelor of Law sein. Er war bereits ein bekannter politischer Führer und Generalsekretär der ANC Youth League.

Von Anfang an beeindruckte er Bizos. Zunächst machte Mandela eine auffällige Figur, wobei seine Größe und seine zweireihigen Anzüge und seine Schuhe auf Hochglanz poliert waren. „Er schien mir ein Mann des Schicksals zu sein, jemand, der wusste, dass er eine Rolle spielen musste, aber er war kein Egoist."

Ich bemerkte, dass er bei der Erörterung politischer Fragen kaum „Ich" sagte - es waren immer „wir" oder „meine Organisation" oder „die Befreiungsbewegung".

Zurück zu diesem ersten Gespräch auf den Stufen der Großen Halle. Mandela dankte Bizos dafür, öffentlich Stellung zu beziehen, und sagte ihm, dass dies viel bedeutete. Anstatt weiterzumachen, wies er den jüngeren Mann auf seinen Hintergrund hin und was ihn dazu gebracht hatte, eine solche Erklärung abzugeben.

Bizos begann seine Geschichte als Flüchtling aus dem von den Nazis besetzten Griechenland. "Nelson war bereits von diesem echten Interesse an anderen Menschen besessen, die ihn so definierten", schrieb Bizos. „In diesem ersten richtigen Gespräch habe ich alle Gespräche geführt. Die Großzügigkeit von Nelsons Interesse, das schiere Charisma seiner Konzentration haben mich sehr beruhigt."

Viele Freundschaften von großer Bedeutung wurden bei Wits geschlossen, Freundschaften, die den Lebensverlauf der Menschen beeinflussen würden. Ismail Meer, JN Singh, Joe Slovo, Ruth First, Harold Wolpe, Bram Fischer, Arthur Chaskalson und Duma Nokwe sind einige der bemerkenswerten Führungskräfte, die zu dieser Zeit die Universität durchlaufen haben.

Die Freundschaft zwischen Mandela und Bizos sollte 65 Jahre lang bestehen bleiben. Auch nach Mandelas Tod hat sich sein Freund und Anwalt weiterhin um seine Interessen gekümmert und fungiert als Vollstrecker seines Nachlasses.

MISSACHTUNGS-(DEFIANCE) KAMPAGNE GEGEN UNFAIRE GESETZE UND FREIWILLIGER ANFÜHRER

Am 6. April 1652 erreichte Jan van Riebeeck das Kap. Das 100-jährige Jubiläum dieses Tages wurde 1952 von weißen Südafrikanern gefeiert, aber schwarze Südafrikaner hatten nichts zu feiern. Seit dem Wahlsieg der Nationalen Partei im Jahr 1948 wurden rassistische Gesetze immer strenger. Die Bewegung der Schwarzen wurde stark kontrolliert. Schwarze Männer mussten jederzeit Pässe bei sich tragen und konnten nur in ausgewiesenen Gebieten bleiben, und die Regierung plante, diese Anforderungen auf schwarze Frauen auszudehnen.

Gegen diese verstärkte Unterdrückung wurde die Defiance Kampagne vom ANC und dem South African Indian Congress (SAIC) gemeinsam als gewaltfreie passive Widerstandskampagne geplant. Die Idee war einfach - für Freiwillige, sich friedlich den ungerechten, rassistischen Apartheidgesetzen zu widersetzen. Nelson Mandela, damals Präsident der ANC Youth League, wurde zum freiwilligen Anführer ernannt und war für die Organisation der Kampagne, die Beschaffung von Spenden und die

Akquise für Freiwillige verantwortlich. In der damaligen Atmosphäre wusste er, dass es sehr wahrscheinlich war, dass eine Kampagne des passiven Widerstands mit der vollen Kraft des Staates zusammentreffen würde. Es war eine sehr mutige Haltung, sich an die Spitze zu stellen, um diese ungerechten Gesetze zu brechen.

Im Vorfeld der Kampagne war Mandela der Hauptredner bei einer Kundgebung von über 10.000 Menschen in Durban. Es war die größte Versammlung, an die er sich jemals gerichtet hatte, und er fand es berauschend. Er betonte die neue Einheit zwischen Afrikanern, Farbigen und Indern und sagte ihnen, dass sie mit dieser Kampagne Geschichte schreiben würden.

Am 26. Juni startete die Kampagne. Gruppen von Freiwilligen traten in Aktion, verstießen gegen Passgesetze und Ausgangssperren, ignorierten Befehle zur Trennung von Einrichtungen und scheuten keine Verhaftung. Ihre Unterstützer begleiteten sie mit Freiheitsliedern, Jubel und Schreien von "Afrika!" und "Mayibuye!".

Als Mandela und Yusuf Cachalia eines späten Abends zu Beginn des Wahlkampfs ein Treffen verließen, wurden sie von einem Polizisten angesprochen. „In den Van", befahl er. Mandela schrieb: „Ich wollte ihm erklären, dass ich für die tägliche Durchführung der Kampagne verantwortlich war und erst viel später herausgefordert und verhaftet werden sollte, aber das wäre natürlich lächerlich gewesen. Ich sah zu, wie er Yusuf verhaftete, der über die Ironie des Ganzen lachte. Es war ein schöner Anblick, ihn lächeln zu sehen, als er von der Polizei weggeführt wurde."

Mandela und andere Führer verbrachten zwei Tage im Gefängnis - Mandelas bislang längste Inhaftierung - und wurden freigelassen.

Aber nicht für lange. Am 30. Juli kam die Polizei mit einem Haftbefehl zu seinem Arbeitsplatz. Er wurde nach dem Gesetz zur Unterdrückung des Kommunismus angeklagt. Im ganzen Land wurden gleichzeitig andere Führer festgenommen. 21 Führer erschienen vor Gericht, darunter Ahmed Kathrada, Walter Sisulu, JB Marks, Dr. Yusuf Dadoo, Yusuf Cachalia und ANC-Präsident Dr. James Moroka.

Ihre Gerichtsauftritte zogen überschwängliche Menschenmengen an das Amtsgericht von Johannesburg. Diese Massenmobilisierung der Unterstützung hatte etwas Neues - Schüler und Studenten sowie kampferprobte Aktivisten, Menschen aller Rassen und Glaubensrichtungen, die sich zusammengeschlossen hatten, um ihre Führer zu unterstützen.

Am 2. Dezember 1952 wurden die Angeklagten für schuldig befunden und zu neun Monaten Haft mit Zwangsarbeit verurteilt, die für zwei Jahre ausgesetzt war.

Die Kampagne verbreitete sich. Bis Mitte Dezember waren über 8.000 Menschen festgenommen worden. Die Straftaten waren geringfügig und zogen selten mehr als ein paar Tage Gefängnis oder eine Geldstrafe von 10 Pfund nach sich. Aber die öffentliche Aufmerksamkeit war massiv und neue Mitglieder schlossen sich dem ANC in Scharen an.

Mandela sagte später, dass sie Amateure in diesem Geschäft der Massenmobilisierung waren und Fehler machten, aber dass die Defiance Kampagne in vielerlei Hinsicht bedeutsam war. Der ANC wurde schließlich als eine wirklich massenbasierte Organisation gegründet. Und Mandela selbst war als Freiheitskämpfer erwachsen geworden.

MANDELA UND TAMBO RECHTSANWÄLTE

"Mandela and Tambo Attorneys", lesen Sie auf der Messingplatte an der Tür des Chancellor House, einem weniger schicken Gebäude in der Fox Street in Ferreirasdorp, dem ältesten Teil von Johannesburg. Dies war die Anwaltskanzlei von Nelson Mandela und Oliver Tambo. Es war das Jahr 1952, und dies war eine der ersten von Schwarzen besessenen und betriebenen Anwaltskanzleien des Landes. Sie war in einem der wenigen Gebäude untergebracht, in denen afrikanische Mieter dank des indischen Eigentümers Büros haben konnten.

Aufgrund der vielen restriktiven und demütigenden Apartheidgesetze zu dieser Zeit war es für einen Schwarzen leicht, rechtliche Hilfe zu benötigen. Die Art und Weise, wie eine schwarze Person gegen das Gesetz verstoßen konnte, war vielfältig: Verwenden eines Busses oder einer Bank oder eines Strandes nur für Weiße, nach 23 Uhr auf der Straße sein, kein Sparbuch oder ein Sparbuch haben, aber nicht die richtige Unterschrift haben... Die Liste ging weiter und weiter.

Täglich wurden tausende Schwarze wegen Verstößen gegen das Passgesetz festgenommen. Schwarze Menschen suchten verzweifelt nach juristischer Hilfe und Beratung, und es war nur sehr wenig verfügbar. Die neue Firma trat schnell in diesen Bereich ein. Tambo beschrieb die langen Warteschlangen, die sie täglich bei ihrer Arbeit begrüßen würden, jede Person mit einer Geschichte von Ungerechtigkeit, Leiden und Demütigung.

Mandela hat nicht nur Rechtsberatung angeboten. Er inspirierte und faszinierte. George Bizos erinnerte sich: "Mandela tat nicht so, als wäre er ein Schwarzer am Hof eines Weißen, sondern als wäre jeder andere ein Gast an seinem." Er machte eine schneidige Figur, dieser imposante schwarze Mann schritt in seinen feinen Kleidern durch den Eingang von *Whites Only*. Er wurde oft in der Presse erwähnt, und Mitte der 1950er Jahre war er ein bekannter Anwalt, der bekannteste schwarze Anwalt in Joburg. „Tambo hatte Mandelas dramatisches Flair nicht ganz, aber er war klug und höchst moralisch nachdenklich und weise.“

Dikgang Moseneke, der später Aktivist des Panafrikanischen Kongresses (PAC), Robben Islander, Anwalt und schließlich stellvertretender Oberster Richter Südafrikas wurde, erinnerte sich in seiner Abhandlung *My Own Liberator*: „Ich war erst neun Jahre alt, als ich diese Plakette sah, aber sie hinterließ einen unauslöschlichen Eindruck auf mich. Ich hatte meinen Vater in die Stadt begleitet, von wo er gekommen war, um Herrn Mandela wegen eines Schadensersatzanspruchs für die Zwangsumsiedlung seiner Familie zu konsultieren ...

Ich blieb in dem ziemlich überfüllten, aber ruhigen Wartezimmer, als mein Vater in ein Büro gerufen wurde. Dieser flüchtige Besuch muss etwas in mir hinterlassen haben."

Der Historiker Luli Callinicos interviewte den Führer der Kommunistischen Partei Südafrikas (SACP), Chris Hani, zwei Wochen vor seiner Ermordung im Jahr 1993. Hani sagte: „Wir haben [Mandela und Tambo] bewundert, weil wir in ihnen eine andere Art von Intelligenz gesehen haben; eine selbstlose Intelligenz, die sich nicht nur darum kümmerte, Geld zu verdienen, eine angenehme Situation für sich selbst zu schaffen, sondern eine Intelligenz, die viel Zeit für den Kampf der Unterdrückten in Südafrika hatte."

Es gab viel Arbeit, aber es gab auch viele Herausforderungen. Sie waren erst richtig in Fahrt gekommen, als Mandela nach dem Gesetz zur Unterdrückung des Kommunismus wegen seiner Rolle in der Trotzkampagne angeklagt wurde.

Beide Männer wurden 1956 verhaftet und wegen Hochverrats angeklagt.

Die Anklage gegen Tambo wurde fallen gelassen und er wurde freigelassen. Er ging 1960 ins Exil. Der Verratsprozess dauerte vier Jahre und die Angeklagten wurden 1961 freigesprochen.

Während dieser Zeit schloss die Anwaltskanzlei im Kanzlerhaus, aber es gab immer noch viele schwarze Südafrikaner, die Mandelas Rechtshilfe brauchten. 1960 verlegte er seine Zimmer in Ahmed Kathradas Wohnung im 13 Kholvad House in der Nähe.

„Obwohl sich meine Praxis aufgelöst hatte, war mein Ruf als Anwalt ungebrochen", schrieb Mandela in seiner Autobiografie *Long Walk to Freedom*. „Bald waren die Lounge Nr. 13 und der Durchgang draußen voller Kunden. Kathy würde nach Hause zurückkehren und feststellen, dass der einzige Raum, in dem er allein sein konnte, seine Küche war."

LIEBE UND HOCHZEIT

Einer der entscheidenden Momente in Nelson Mandelas Leben war, als er Nomzamo Winifred (Winnie) Madikizela zum ersten Mal sah. Er entdeckte die junge Frau am Straßenrand, die auf einen Bus wartete, und war von ihrer Schönheit beeindruckt. Glück - oder Schicksal? – beides würde zutreffen; ein paar Wochen später ging er in Oliver Tambos Büro und wer sonst sollte da sein als die Schönheit von der Bushaltestelle?! Er war begeistert.

In seiner Autobiografie schrieb er, dass er von ihrem ersten Treffen an sofort ihren Geist, ihren Mut und ihren Eigensinn spürte und von ihrer Anwesenheit tief berührt war. Er wusste auf der Stelle, dass er sie als seine Frau haben wollte.

Er war 39 Jahre alt, von seiner Frau Evelyn getrennt, Vater von drei kleinen Kindern und im Verratsprozess angeklagt. Sie war 22 Jahre alt und die erste schwarze Sozialarbeiterin im Baragwanath Hospital. Winnie war willensstark, klug und glamourös und hatte ein großes Auge für Kleidung und Schuhe. Sie war zu diesem Zeitpunkt nicht politisiert.

Er hatte einen Rivalen für ihre Zuneigung – es war kein geringerer als sein Neffe und Freund Kaiser Matanzima - aber Mandela setzte sich durch. Am 14. Juni 1958 heirateten Nelson und Winnie in einer großen traditionellen Zeremonie in ihrem Familiendomizil in Bizana im Pondoland. Der Bräutigam musste eine Sondergenehmigung einholen, um Johannesburg zu seiner eigenen Hochzeit verlassen zu dürfen. An der Hochzeit nahmen so viele ANC-Führungskräfte teil, wie im Rahmen ihrer Verbotsanweisungen kommen konnten, sowie einige ungebetene Gäste in Form von Sicherheitspolizisten.

Es war keine leichte Zeit für das Brautpaar. Die Anwaltskanzlei Mandela und Tambo war in Schwierigkeiten, und ihre beiden Auftraggeber waren als Angeklagte im Verratsprozess verwickelt. Mandela war voll und ganz mit dem Prozess, der Anwaltspraxis und seinen politischen Aktivitäten beschäftigt. Winnies bescheidenes Gehalt unterstützte den Haushalt, zu dem bald zwei Töchter gehörten, Zindizwa (Zindzi) und Zenani.

Trotz des Drucks auf die Familie bestätigen Mandelas Freunde, dass das Paar glücklich und verliebt war. Er war stolz auf Winnie, die zunehmend politisiert wurde und der ANC

Women's League beitrat, und sie war eine von tausenden Frauen, die bei Protesten im zentralen Passbüro festgenommen wurden.

Sie waren mehr als drei Jahrzehnte verheiratet, aber die meiste Zeit waren sie getrennt. Nelson Mandela würde bald im Exil und dann im Gefängnis sein. Winnie durfte ihren Mann nur ein- oder zweimal im Jahr auf Robben Island besuchen, und ihre Beziehung wurde durch Briefe geführt. Sie wurde ständig von der Polizei belästigt, in Einzelhaft gehalten, verbannt und dann in die abgelegene Stadt Brandfort im Freistaat ausgewiesen. Zu Nelson Mandelas großer Traurigkeit war ihre Ehe nach seiner Freilassung von Anfang an angespannt und er blieb einsam. 1996 ließen sie sich scheiden und nannten unüberbrückbare Differenzen als Grund.

IM RING UND AUF DER STRASSE

Es gibt ein ikonisches Bild von Nelson Mandela, als er mit dem Boxer Jerry Moloi auf einem Dach in Johannesburg trainiert. Seine Haltung ist breit und stabil, seine Fäuste sind erhoben und die Rechte ist bandagiert. Auf seinem Gesicht ist ein Ausdruck intensiver

Konzentration; Sie können sich fast vorstellen, wie er überlegt, wo er seinen nächsten Schlag landen soll. Das Foto wurde von Bob Gosani aufgenommen und erschien zuerst in der Zeitschrift *Drum*, und etwas daran - der große Anführer als Boxer - erregte die öffentliche Vorstellungskraft. Als Mandela inhaftiert war und Bilder von ihm nicht verfügbar waren, wurde dieses besondere Bild weithin bewundert und verbreitet.

Mandela behauptete, dass er als Schwergewicht "weder genug Kraft hatte, um meinen Mangel an Geschwindigkeit auszugleichen, noch genug Geschwindigkeit, um meinen Mangel an Kraft auszugleichen". Vielleicht war er zu bescheiden. Wer weiß? Aber unabhängig von seinen Fähigkeiten machte er das Boxen jahrzehntelang zu einem Teil seines Lebens.

Er hatte ein bisschen in Fort Hare geboxt, aber in Johannesburg begann er, den Sport ernster zu nehmen. Er trainierte täglich 90 Minuten lang und lief oft über die gesamte Länge der Commissioner Street. Sein Sohn Thembi begleitete ihn oft zum Boxclub, und ihre gemeinsamen Trainingseinheiten waren eine seltene und wertvolle Gelegenheit für Vater und Sohn, zusammen zu sein.

Das anstrengende Training baute den Stress ab und ließ ihn eine Weile auf etwas anderes als den Kampf und das Gesetz konzentrieren. Er war fasziniert von der Strategie und Wissenschaft des Boxens und davon, wie egalitär es auch in Südafrika war. „Im Ring spielen Rang, Alter, Farbe und Reichtum keine Rolle", schrieb er in *Long Walk to Freedom*.

Sein Interesse an der Philosophie und Strategie des Boxens scheint eine besondere Bedeutung zu haben, wenn man sein Leben als Kämpfer, Anführer, Gefangener und Unterhändler betrachtet: „Ich war fasziniert davon, wie man seinen Körper bewegte, um sich selbst zu schützen, wie man eine Strategie einsetzte, um anzugreifen und sich gleichzeitig zurückzuziehen, wie man sich selbst über ein Streichholz bewegt."

Vor dem Gericht des Jeppe Magistrate in der Market Street in der Innenstadt von Johannesburg und gegenüber dem Gebäude, in dem einst die Büros von Mandela und Tambo untergebracht waren, können Sie Marco Cianfanellis Skulptur Shadow Boxing sehen, die von Gosanis berühmtem Foto inspiriert wurde. Mit einer Höhe von sechs Metern ist die facettenreiche, bemalte Weichstahlskulptur von Madiba auffällig und sofort erkennbar und ein beliebter Zwischenstopp und Selfie-Punkt für Touristen.

DIE MENSCHEN SOLLEN REGIEREN!

An einem Wintertag auf einem staubigen Feld in der farbigen Gemeinde Kliptown südlich von Johannesburg fand eine bemerkenswerte Tagung statt. Am ungewöhnlichsten für Südafrika im Jahr 1955 waren die hier versammelten 3.000 Menschen aller Rassen, Glaubensbekenntnisse und Farben. Sie kamen aus allen Lebensbereichen - Arbeiter, Studenten, Intellektuelle, Aktivisten... Und sie stammten aus allen Anti-Apartheid-Bewegungen der Zeit: dem Afrikanischen Nationalkongress, dem Südafrikanischen Indischen Kongress, dem Südafrikanischen Farbigen Volkskongress, dem Kongress der Demokraten (COD) und dem Südafrikanischen Gewerkschaftskongress (SACTU). Zusammen bildeten sie die Kongressallianz.

Nelson Mandela sah aus der Ferne leise zu. Er hielt keine Reden. Tatsächlich blieb er von den meisten Delegierten unbemerkt. Er war verkleidet, und seine Anwesenheit bei diesem historischen Ereignis widersprach seinen Verbotsbeschränkungen. Er und andere wichtige Aktivisten und Führer - Walter Sisulu, Yusuf Cachalia, Yusuf Dadoo, Rusty und Hilda Bernstein - beobachteten von einem nahe gelegenen Hof aus.

Dieser Volkskongress war vielleicht die repräsentativste Versammlung in der Geschichte des Landes, und seine Aufgabe bestand darin, ein einzigartiges und mächtiges neues Dokument zu prüfen und dann anzunehmen - die Freiheitscharta, eine Vision für einen geeinten, nicht rassischen und demokratischen Süden Afrikas.

Wie dieses Dokument entstanden ist, ist eine faszinierende Geschichte *von gelebter Demokratie und Absprache.* In den frühen 1950er Jahren wurde die Idee einer Charta für Südafrika, ähnlich der Allgemeinen Erklärung der Menschenrechte, diskutiert. Die Idee wurde von der Kongressallianz vorangetrieben, die Delegierte der wichtigsten Anti-Apartheid-Gremien zusammenbrachte. Alle Südafrikaner wurden aufgefordert, ihre Forderungen nach der Art von Südafrika vorzubringen, in der sie leben wollten, damit diese in ein gemeinsames Dokument aufgenommen werden konnten. Eine Broschüre mit dem Titel *Let Us Speak of Freedom* war weit verbreitet. Tausende nahmen teil und sandten ihre Ideen, Hoffnungen und Träume ein. Diese wurden zusammengestellt und zu einem einzigen Dokument zusammengefasst - der Freiheitscharta.

Am zweiten Tag des Volkskongresses in Kliptown wurde die Freiheitscharta verabschiedet.

Sie beginnt mit diesen Worten:

Wir, die Menschen in Südafrika, erklären, dass unser gesamtes Land und die ganze Welt wissen müssen: dass Südafrika allen gehört, die darin leben, schwarz und weiß, und dass keine Regierung zu Recht Autorität beanspruchen kann, wenn sie nicht auf dem Willen von allen Menschen beruht; dass unser Volk von einer Regierungsform, die auf Ungerechtigkeit und Ungleichheit beruht, ihres Geburtsrechts auf Land, Freiheit und Frieden beraubt wurde; dass unser Land niemals wohlhabend oder frei sein wird, bis alle unsere Leute in Brüderlichkeit leben und gleiche Rechte und Chancen genießen; dass nur ein demokratischer Staat, der auf dem Willen aller Menschen beruht, sein Geburtsrecht ohne Unterscheidung von Hautfarbe, Rasse, Geschlecht oder Glauben sichern kann; und deshalb verabschieden wir, die Menschen in Südafrika, schwarz und weiß zusammen - Gleichgestellte, Landsleute und Brüder - diese Freiheitscharta. Und wir verpflichten uns, gemeinsam zu streben, ohne Kraft und Mut zu sparen, bis die hier dargelegten demokratischen Veränderungen gewonnen sind.

In dem Dokument werden diese heiligen Rechte - auf Land, auf Bildung usw. - umrissen, bevor Folgendes abgeschlossen wird:

Lassen Sie alle, die ihr Volk und ihr Land lieben, jetzt sagen, wie wir hier sagen:

"FÜR DIESE FREIHEITEN KÄMPFEN WIR, SEITE AN SEITE, MIT UNSEREN LEBEN, BIS WIR UNSERE FREIHEIT GEWONNEN HABEN."

Der Kongress wurde am zweiten Tag von der Polizei abrupt beendet. Aber das Dokument hallte durch die Jahrzehnte auf eine Weise, die zu dieser Zeit kaum vorstellbar war. Die Regierung erklärte die Freiheitscharta bald zu einem kommunistischen Dokument und beschuldigte die Beteiligten - 156, einschließlich Nelson Mandela - des Verrats.

Die Freiheitscharta sollte die Erklärung der Grundprinzipien der Mitgliedsorganisationen der Kongressallianz und aller fortschrittlichen Menschen in Südafrika werden. Vier Jahrzehnte später würde es die neue Verfassung des demokratischen Südafrika beeinflussen.

DAS POCHEN DES POLIZISTEN AN DER TÜR ...

Ein scharfes Klopfen an der Haustür weckte Nelson Mandela am 5. Dezember 1956 um 1.30 Uhr. Er wusste sofort, dass dies das Klopfen der Sicherheitspolizei war, und er lag nicht falsch. Dort standen drei Polizisten, die ihm einen Haftbefehl überreichten. Die Anklage? Hochverrat. Sie durchsuchten sein Haus und sein Büro und brachten ihn in das Johannesburg-Gefängnis, bekannt als The Fort.

Später erfuhr er, dass im ganzen Land in den frühen Morgenstunden wichtige Mitglieder der Kongressallianz aufgrund dieses Pochens erwachten. Die Razzien wurden mit Präzision ausgeführt, und die Festgenommenen wurden in Militärflugzeugen nach Johannesburg geflogen. Der Staat plante, die Kongressallianz ein für alle Mal zu zerstören.

Einhundertsechsundfünfzig Menschen wurden wegen Hochverrats angeklagt, der damals die Todesstrafe nach sich zog. Die Anklage beruhte auf der Beteiligung der beschuldigten Führer an der Ausarbeitung der Freiheitscharta, die angeblich ein revolutionäres kommunistisches Dokument war, das den gewaltsamen Sturz des Staates beinhalten würde.

Vor der Drill Hall in Johannesburg, wo der Prozess stattfinden sollte, trugen die Demonstranten Schilder mit der Aufschrift „Wir stehen zu unseren Führern".

Die Liste der Angeklagten umfasste einen Großteil der Führung der demokratischen Bewegung - natürlich Mandela sowie Chef Albert Luthuli, Oliver Tambo, Ahmed Kathrada, Ruth First, Helen Joseph und Joe Slovo. Die Massenverhaftungen hatten die unbeabsichtigte Folge, dass die Führer der Kongressallianz, darunter fast das gesamte Exekutivkomitee des ANC sowie die SACP, die SAIC und die COD, zusammenkamen. Ihre Konsultation in den Gemeinschaftszellen führte zu dem, was Mandela als "das größte und längste nicht verbotene Treffen der Kongressallianz seit Jahren" bezeichnete.

Der Fall wurde gegen die meisten Angeklagten zurückverwiesen und am Ende standen 30 von ihnen vier Jahre lang vor Gericht. Der lange

Prozess, die Zeit im Gefängnis und die endlosen trostlosen Stunden und Tage im Gerichtssaal forderten einen schrecklichen Tribut für das Leben und die Familien der Angeklagten. Ironischerweise stärkte die Tortur die Beziehungen zwischen den Mitgliedern der Kongressallianz. Wie Rusty Bernstein schrieb: „Das Vertrauen und die Zusammenarbeit zwischen den Rassen ist eine schwierige Pflanze, die im vergifteten Boden draußen kultiviert werden kann. Hier ist es etwas einfacher ... Die Führer aller ethnischen Fraktionen der Bewegung sind zusammen und untersuchen die Zweifel und Vorbehalte des anderen und sprechen uneingeschränkt darüber."

Chef Albert Luthuli schrieb in seinem Vorwort zu Helen Josephs Buch *If This Be Treason*: „Der Prozess war ein unschätzbarer Segen, weil er verschiedene Männer und Frauen guten Willens aller Rassen zusammenbrachte, die für die Unterstützung des Treason Trial Fund und für Aufrechterhaltung der Moral der Angeklagten einstanden. Der Fonds war eines der ersten Beispiele für ausländische Interventionen zur Unterstützung der Anti-Apartheid-Bewegung.

Am 29. März 1961 endete der Prozess endgültig. Die dreiköpfige Jury hatte ein Urteil gefällt: Der Staat hatte es versäumt, den ANC oder die Freiheitscharta als kommunistisch zu überführen. Nach mehr als vier Jahren vor Gericht wurden alle übrigen Angeklagten des Verrats freigesprochen. Die Zuschauer jubelten über das Ergebnis, die Menge draußen skandierte und sang, die Angeklagten umarmten ihre Lieben und lachten und weinten. Die Party bei Joe Slovo und Ruth First - eine ausgelassene, gemischtrassige Versammlung, an der Angeklagte und Anwälte, Freunde und Familie sowie die üblichen ungebetenen Gäste in Form von Sicherheitspolizei teilnahmen - ging bis spät in die Nacht.

Mandela schrieb, dass das Urteil zwar das richtige war, aber nur die Fairness der beteiligten Personen widerspiegelte, nicht die Fairness des Systems. Nach ihrer Demütigung beim Verratsprozess setzte die Regierung zunehmend Taktiken wie Isolation und Folter ein und war weniger bestrebt, die Rechte der Gefangenen zu beachten: „Die Lektion, die sie mitnahmen, war nicht, dass wir legitime Beschwerden hatten, sondern dass sie gebraucht wurden, um viel rücksichtsloser zu sein."

Der Prozess bedeutete auch das Ende von Nelson Mandelas Freiheit. Bald nach seinem Freispruch würde er in den Untergrund gehen.

MANDELA AUF DER FLUCHT

DER SCHWARZE PIMPERNEL

Mit seiner bevorstehenden Verhaftung entschied der ANC, dass es Zeit für Nelson Mandela war, in den Untergrund zu gehen. Am 26. Juni 1961 veröffentlichte Mandela einen Brief an südafrikanische Zeitungen:

Ich wurde in Kenntnis gesetzt, dass ein Haftbefehl gegen mich ausgestellt wurde und dass die Polizei mich sucht. Der Nationale Aktionsrat hat diese Frage umfassend und ernsthaft geprüft ... und sie haben mir geraten, mich nicht zu ergeben. Ich habe diesen Rat angenommen und werde mich nicht einer Regierung hingeben, die ich nicht anerkenne ...

Ich habe diesen Kurs gewählt, der schwieriger ist und mehr Risiko und Härte mit sich bringt, als im Gefängnis zu sitzen. Ich musste mich von meiner lieben Frau und meinen Kindern, von meiner Mutter und meinen Schwestern trennen, um als Gesetzloser in meinem eigenen Land zu leben. Ich musste mein Geschäft schließen, meinen Beruf aufgeben und in Armut leben, wie es viele meiner Leute tun ... Ich werde Seite an Seite mit Ihnen gegen die Regierung kämpfen, Zoll für Zoll und Meile für Meile, bis der Sieg errungen ist. Was werdet Ihr machen? Kommt Ihr mit oder arbeitet

Ihr mit der Regierung zusammen, um die Ansprüche und Bestrebungen Ihres eigenen Volkes zu unterdrücken? Werdet Ihr in einer Frage von Leben und Tod für mein Volk, für unser Volk schweigen und neutral bleiben? Ich für meinen Teil habe meine Wahl getroffen. Ich werde Südafrika nicht verlassen und mich auch nicht ergeben. Nur durch Not, Opfer und militantes Handeln kann Freiheit gewonnen werden. Der Kampf ist mein Leben. Ich werde bis zum Ende meiner Tage weiter für die Freiheit kämpfen.

Nelson Mandelas Leben änderte sich dramatisch und unwiderruflich mit dieser Entscheidung, in den Untergrund zu gehen. Er wurde der meistgesuchte Mann in Südafrika. Er hatte kein Zuhause, in das er gehen konnte, zog von Ort zu Ort, von einem sicheren Haus zum nächsten sicheren Haus, mit nur gelegentlichen Besuchen seiner Familie. Er war auf der Flucht und in ständiger Gefahr, entdeckt und verhaftet zu werden.

Und es war eine immense psychologische Veränderung. Dieser stolze und prominente Anführer, ein Anwalt, ein imposanter Mann von über zwei Metern, musste sich unsichtbar und anonym machen. Der normalerweise gepflegte Mandela pflegte nun einen ungepflegten Anblick und einen zotteligen Bart. Er trug blaue

Arbeiteroveralls und posierte als „Gartenjunge“ oder Chauffeur. Er würde unter dem Vorwand reisen, sein "Meisterauto" zu fahren.

Der Mann auf der Flucht erregte die Phantasie der Presse, die ihn den Schwarzen Pimpernel nannte - ein Hinweis auf Emma Orczys fiktiven Scharlachroten Pimpernel, der sich während der Französischen Revolution der Gefangennahme entzogen hatte und über den die berühmten Zeilen geschrieben wurden: „Sie suchen ihn hier, sie suchen ihn dort. Diese Franzosen suchen ihn überall. Ist er im Himmel oder ist er in der Hölle? Dieser verdammt schwer fassbare Pimpernel."

Und verdammt schwer fassbar war er - ein Tag hier, eine Nacht dort, in leeren Wohnungen, um Straßensperren auszuweichen. Ahmed Kathrada, der mit der Organisation von Mandelas Untergrundleben beauftragt war, schrieb: "Die Polizei hat ihn unerbittlich gejagt, und es war fast eine Vollzeitbeschäftigung, ihn aus ihren Fängen herauszuhalten.“ Es gab viele Gerüchte - er wurde hier oder dort entdeckt und ist entkommen ... Er hat den Mythos vom Schwarzen Pimpernel ausgespielt und Zeitungsreporter mit Geschichten darüber versorgt, was wir vorhatten oder über die Unfähigkeit der Polizei.“

„Ich würde hier und da zum Ärger der Polizei und zur Freude der Menschen auftauchen“, schrieb Mandela in *Long Walk to Freedom*.

Eines der Interviews, die er gab, war mit Patrick O'Donovan von The Observer, der trocken beobachtete: "Es schien seltsam, dass er nicht gefasst werden sollte, aber die Tyrannei wurde zu dieser Zeit durch Ineffizienz und grobe Dummheit gemildert."

IM VERBORGENEN UND AUF DER FLUCHT

Während er auf der Flucht war, flog Mandelas Deckung nur aufgrund eines Anlasses auf - wegen einer Flasche Milch!

Er lebte zu dieser Zeit mit dem SACP-Aktivisten Wolfie Kodesh in einer Wohnung in einem Bereich für Weiße. Saure Milch oder Amasi ist ein beliebtes Getränk unter schwarzen Südafrikanern, und Mandela stellte eine Flasche Milch auf die Fensterbank, um sie sauer werden zu lassen. Eines Tages hörte er drei Schwarze vor der Wohnung, die über die Milch diskutierten: Wie kommt es, dass in diesem weißen Bereich draußen diese Flasche Milch ist, um Amasi zu machen? Wer hat sie dort hingelegt? Sicher kein Weißer?

Mandela und Kodesh waren besorgt, dass dies ein Fehler war, der unerwünschte Aufmerksamkeit erregen und sogar zu Mandelas Entdeckung führen könnte. Es war Zeit, weiterzuziehen.

NEIN ZUR WEISSEN REPUBLIK

Aus dem Untergrund heraus organisierte Mandela eine letzte Kampagne gewaltfreien Widerstands, eine „Bleibt-zu-Hause"-Kampagne, um gegen das Referendum nur für Weiße zu protestieren, bei dem entschieden wurde, ob Südafrika die Beziehungen zu Großbritannien abbrechen und sich selbst zur Republik erklären sollte. Unnötig zu erwähnen, dass schwarze Südafrikaner nicht wahlberechtigt waren. Weiße Wähler waren dafür, und am 31. Mai 1961 wurde Südafrika zur Republik erklärt.

Am 25. März hielt der ANC als Reaktion auf das Referendum eine All-In-Konferenz in Afrika ab und verabschiedete eine Resolution, in der erklärt wurde, dass ohne die Beteiligung des afrikanischen Volkes keine Verfassung Gültigkeit habe. Die Konferenz forderte eine nichtrassische nationale Konvention zur Vorbereitung einer demokratischen Verfassung.

Mandela schlug einen dreitägigen Generalstreik vor, eine Massenkampagne gegen das, was er "die unerwünschte Republik" nannte. Der Termin wurde auf den 29. Mai festgelegt. Als Reaktion auf den Aufruf zum Streik mobilisierte Premierminister HF Verwoerd die volle Macht des Apartheidstaates. Der gesamte Polizeiurlaub wurde abgesagt und 5.000 Reservisten der Citizen Force wurden zum Dienst einberufen. Sitzungen wurden verboten, Druckmaschinen beschlagnahmt. Hunderte von Aktivisten wurden festgenommen und neue Gesetze wurden beschleunigt, die es der Polizei ermöglichten, Gefangene 12 Tage lang ohne Kaution festzuhalten. Gepanzerte Fahrzeuge rumpelten durch die Townships und Hubschrauber mit leistungsstarken Suchscheinwerfern flogen über sie hinweg. Es war eine massive und bedrohliche Machtdemonstration.

Sehr zu Mandelas Schock untergrub das PAC den Streik, denunzierte den ANC und forderte die Leute auf, den Ruf nach einem Aufenthalt zu Hause zu ignorieren. Die englischsprachige

Presse, die sie unterstützt hatte, brach in letzter Minute zusammen und forderte die Leute auf, zur Arbeit zu gehen.

Am ersten Tag des Streiks folgten Hunderttausende dem Ruf, zu Hause zu bleiben. Anfangs schien es ein Erfolg zu sein - die Hälfte der Johannesburger Arbeiter blieb zu Hause -, aber als Nachrichten aus dem ganzen Land kamen, wurde klar, dass die Reaktion nicht ausreichte. Mandela war entmutigt und wütend. Für ihn war dies der letzte Anstoß für eine gewaltfreie, massenbasierte Kampagne gegen den Staat.

Er sagte damals gegenüber der Presse: „Wenn die Reaktion der Regierung darin besteht, unseren gewaltfreien Kampf mit nackter Gewalt zu zerschlagen, müssen wir unsere Taktik überdenken. Meiner Meinung nach schließen wir ein Kapitel zu dieser Frage einer gewaltfreien Politik.“

DER SPEER DER NATION

Das Datum 16. Dezember ist in Südafrika von großer historischer Bedeutung. An diesem Tag im

Jahr 1838 besiegten die Voortrekker die Zulu-Armee in der Schlacht am Blood River. Die Afrikaner gedachten dieses Sieges als Tag des Gelübdes oder Dinganes Tag und feierten ihn als Feiertag.

Am selben Tag im Jahr 1961 fand ein weiteres bedeutendes historisches Ereignis statt - die Bildung des Militärflügels des ANC, Umkhonto we Sizwe, der Speer der Nation, bekannt als MK.

Der Tag markierte eine neue Rolle für Nelson Mandela. Er war jetzt Gründer - und Anführer - einer Streitmacht. „Ich, der noch nie ein Soldat gewesen war, der noch nie im Kampf gekämpft hatte, der noch nie eine Waffe auf einen Feind abgefeuert hatte, hatte die Aufgabe erhalten, eine Armee zu gründen. Es wäre eine entmutigende Aufgabe für einen Veteranen-General, geschweige denn für einen militärischen Neuling."

Die Entscheidung, einen bewaffneten Kampf zu beginnen, war weder einfach gewesen, noch hatte sie einstimmige Unterstützung. Mandela musste viel Überzeugungsarbeit leisten.

Für einige - einschließlich Chief Albert Luthuli - war Gewaltlosigkeit ein Kernprinzip des ANC, keine Taktik, die aufgegeben werden konnte.

Mandela glaubte das Gegenteil - dass es eine Taktik war, die nicht mehr funktionierte.

Yusuf Cachalia, Dr. Monty Naicker und JN Singh waren unter denen, die sich dem bewaffneten Kampf widersetzten. Amina Cachalia erzählte in ihren Memoiren: „Während Yusuf akzeptierte, dass der bewaffnete Kampf Teil der Befreiungsbewegung war, verstieß er gegen seine gandhianischen Prinzipien der Gewaltlosigkeit und er war niemals bereit (und wurde auch nie darum gebeten), ein Teil des bewaffneten Kampfes zu sein."

Es gab andere, wie Moses Kotane, die argumentierten, dass eine militärische Beteiligung des mächtigen Apartheidstaates mehr Gewalt und Unterdrückung bringen würde.

Aber Mandela überzeugte die Neinsager, dass es keine Wahl gab. Er verwendete einen alten afrikanischen Ausdruck: "Die Angriffe des wilden Tieres können nicht nur mit bloßen Händen abgewendet werden." Gewalt war unvermeidlich, dafür hatte der Staat gesorgt. Sie mussten sich nur die Schießereien in Sharpeville am 21. März 1960 ansehen, als die Polizei das Feuer auf eine Menge von Demonstranten eröffnete, die gegen die Passgesetze demonstrierten und 69 Menschen tötete.

Es gab auch eine politische Realität. Es gab eine wachsende Frustration über Gewaltlosigkeit, sowohl unter den Menschen als auch in Organisationen. Ein Schritt zum bewaffneten Kampf lag in der Luft. Die Kommunistische Partei, das PAC und andere bewegten sich bereits in diese Richtung. Der ANC riskierte, außer Kontrolle zu geraten.

Mandela rekrutierte sofort Joe Slovo, Walter Sisulu, Jack Hodgson und Rusty Bernstein. In Kraftwerken und Regierungsbüros in Johannesburg, Port Elizabeth und Durban explodierten selbstgemachte Bomben, und es wurden Flugblätter verteilt, in denen die Gründung und das Manifest von MK angekündigt wurden:

Die Zeit kommt im Leben einer Nation, in der es nur noch zwei Möglichkeiten gibt - sich zu unterwerfen oder zu kämpfen. Diese Zeit ist jetzt nach Südafrika gekommen. Wir werden uns nicht unterwerfen und haben keine andere Wahl, als mit allen in unserer Macht stehenden Mitteln zurückzuschlagen, um unser Volk, unsere Zukunft und unsere Freiheit zu verteidigen.

In einer ordentlichen Wendung der Geschichte wurde der 16. Dezember 1995 zum

Tag der Versöhnung erklärt und jedes Jahr als Feiertag gefeiert.

IM „SICHEREN" HAUS IN RIVONIA

Das peripatetische Leben des Black Pimpernel beruhigte sich für eine Weile, als Mandela auf die Liliesleaf Farm zog, 28 Morgen Land, das größtenteils bewaldet war, im damaligen halbländlichen Rivonia am nördlichen Rand von Johannesburg. Auf dem Grundstück befanden sich ein einstöckiges Einfamilienhaus mit vier Schlafzimmern sowie eine Reihe von Nebengebäuden - Personalunterkünfte, Arbeitsräume und ein strohgedecktes Häuschen.

Der Architekt Arthur Goldreich, seine Frau Hazel und ihre beiden jungen Söhne waren die angeblichen Bewohner, aber sie waren ein Deckmantel für die Tatsache, dass die Farm tatsächlich als ANC-sicheres Haus gekauft worden war.

In Liliesleaf lebte Mandela als Arbeiter David Motsamayi, erledigte Besorgungen, kümmerte sich um den Garten und lebte in einem kleinen Nebengebäude. Er kochte Tee für die Bauherren und Maler, die die Gebäude reparierten, so tief auf der sozialen Leiter, dass er selbst für sie so gut wie unsichtbar war. Nachts las er eifrig über die bewaffneten Kämpfe in anderen Ländern, um sich auf seine eigenen vorzubereiten oder schlich sich zu Versammlungen hinaus und ging dann ins Bett, um dort den ängstlichen Schlaf des unterirdischen Freiheitskämpfers zu schlafen.

Zu ihm gesellten sich MK-Rekrut Raymond Mhlaba, der bald zum Training nach China reisen sollte, und dann Michael Harmel von der Kommunistischen Partei. Joe Slovo, Rusty Bernstein und andere kamen zu Treffen oder Besuchen.

Mandela erinnerte sich liebevoll an die friedlichen Wochenendbesuche der Familie. Während die Kinder auf der Farm spielten, stahlen er und Winnie Momente des Friedens und der Privatsphäre. Er beschrieb Liliesleaf als „eher ein Zufluchtsort als ein Versteck".

Trotz seiner bukolischen Luft war Liliesleaf nicht so sicher, wie es sich manchmal anfühlte. Die Illusion von Sicherheit wurde durch ein Gespräch zwischen zwei 11-jährigen Jungen, Mandelas Sohn Makgatho und Nicholas Goldreich, erschüttert. Makgatho blätterte in einer Ausgabe des Drum-Magazins und stieß auf ein Bild von Nelson Mandela. "Das ist mein Vater", rief er aus. Nicht so, sagte Nicholas, "der Name Deines Vaters ist David." Aber Makgatho bestand darauf, dass der wirkliche Name seines Vaters tatsächlich Nelson Mandela war.

Es war Zeit, wieder weiterzuziehen. Und tatsächlich sollte Mandela das Land in der nächsten Woche verlassen. Im Januar 1962 wurde er über die Grenze nach Bechuanaland (heute Botswana) geschmuggelt.

AFRIKAS UNTERSTÜTZUNG FÜR DEN KAMPF SUCHEN

Das stetige Schlagen der Trommeln und das Stampfen der marschierenden Füße kündigten die Ankunft von 500 bewaffneten und uniformierten Soldaten an. Wie ein einziger Mann hielten sie an, um Seine Hoheit, den Kaiser von Äthiopien, Haile Selassie, den Löwen von Juda, zu begrüßen.

Es war ein aufregender Anblick für Nelson Mandela. Seit seiner Jugend hatte er eine besondere Faszination und Bewunderung für die afrikanische Nation, die so hart gegen

Kolonialismus und Faschismus kämpfte, und das war der Geburtsort des afrikanischen Nationalismus. Und jetzt war er selbst in Äthiopien, für die Panafrikanische Freiheitskonferenz, beginnend mit der Parade. „Hier habe ich zum ersten Mal in meinem Leben schwarze Soldaten gesehen, die von schwarzen Generälen kommandiert und von schwarzen Führern applaudiert wurden, die alle Gäste eines schwarzen Staatsoberhauptes waren... Ich habe nur gehofft, dass es eine Vision von der Zukunft meines eigenen Landes ist."

Mandela war nicht nur als Gast, sondern auch als Hauptredner der Konferenz anwesend und sprach unmittelbar nach dem Kaiser. Er "warf die Identität von David Motsamayi beiseite und wurde Nelson Mandela", umriss eloquent die Geschichte des Freiheitskampfes in Südafrika und erklärte, warum die Entscheidung, in den bewaffneten Kampf einzutreten, notwendig gewesen war.

Seine leidenschaftliche Ansprache war der Versuch, die Panafrikanische Freiheitsbewegung davon zu überzeugen, dass es für den ANC und den Befreiungskampf keine Alternative gab, als zu den Waffen greifen. Er brachte seine Botschaft zu afrikanischen Führern in Tanganjika, Liberia,

Ghana, Sierra Leone, Guinea, Algerien, Mali, Marokko, Ägypten und Tunesien.

Die Reise durch Afrika war in vielerlei Hinsicht von Bedeutung. Er fühlte sich tief mit den Wurzeln seiner Afrikaner verbunden. Er erlebte eine Welt, in der die afrikanische Zivilisation und Kultur gefeiert wurde. Und er war in seinem Ziel erfolgreich, Unterstützung zu sammeln - Training für MK-Soldaten und Geld für Waffen.

EIN FALL VON FALSCHER IDENTITÄT

Während seines Aufenthalts in Sierra Leone, das ein Jahr zuvor seine Unabhängigkeit erlangt hatte, beschloss Mandela, an einer parlamentarischen Sitzung teilzunehmen. Er identifizierte sich gegenüber dem Angestellten des Hauses als "Vertreter von Chief Luthuli of South Africa".

Die Sitzung wurde unterbrochen und das gesamte Parlament stellte sich auf, um ihm die Hand zu geben. Er war erfreut über die herzliche und überschwängliche Reaktion, aber auf halbem Weg durch die Empfangsleitung wurde ihm klar, was los war, als einer der Parlamentarier sagte, was für eine Ehre es sei, den Gewinner des Friedensnobelpreises zu treffen. Sie dachten, er sei Chief Luthuli!

Mandela informierte den Angestellten sofort über sein Missverständnis, aber der Mann wollte nichts davon wissen. Es wäre zu umständlich, es aufzuklären, er muss mit der Scharade fortfahren. Da stand er also als Chief Luthuli und schüttelte die Hände.

Als er den Präsidenten später traf, erklärte Mandela, was passiert war. Es scheint, dass es keine harten Gefühle gab, als er mit dem Versprechen der materiellen Unterstützung für die Sache wegging.

MILITÄRTRAINING FÜR DEN MK KOMMANDEUR

Für jemanden, der einen bewaffneten Flügel anführt, war Mandela in Kampfangelegenheiten bemerkenswert ungeschult. Jetzt sollte er eine militärische Ausbildung von der Algerischen Nationalen Befreiungsfront an Stützpunkten jenseits der Grenze in Marokko und vom äthiopischen Aufstandsbataillon in Kolfe außerhalb von Addis Abeba erhalten.

Das äthiopische Programm war intensiv. Er lernte mit einem automatischen Gewehr und einer Pistole zu schießen. Es gab Zielübungen. Ihm wurde beigebracht, kleine Bomben und Minen herzustellen und wie man mit ihnen umgeht. Es gab Märsche aufs Land und Studiensitzungen mit Oberst Tadesse, dem stellvertretenden Polizeikommissar.

Er sollte sechs Monate militärische Ausbildung erhalten, aber nach nur wenigen Wochen kam ein Telegramm vom ANC nach Hause. Der bewaffnete Kampf eskalierte und die Anwesenheit des Kommandanten von MK war erforderlich. Nur zwei Monate nach seiner militärischen Ausbildung wurde Mandela nach Südafrika zurückgerufen. Er ging mit einem Geschenk des Obersten - einer automatischen Pistole und 200 Schuss Munition. Es wird angenommen, dass diese Waffe irgendwo auf der Liliesleaf Farm vergraben ist, aber trotz umfangreicher Recherchen wurde sie nie gefunden.

Er hielt in Khartum an und traf sich mit der ersten Gruppe von MK-Rekruten, die zum Training nach Äthiopien gingen. Mandela war stolz auf diese jungen Leute, die sich freiwillig für die Armee gemeldet hatten, die er erschaffen sollte. Sie aßen in Addis zu Abend und zu seinen Ehren wurde eine Ziege geschlachtet. Der Kommandeur von MK wurde zum ersten Mal von seinen Soldaten begrüßt und dann kehrte er über Bechuanaland nach Südafrika und zur Liliesleaf Farm zurück. Noch frisch von der Ausbildung und Inspiration seiner Reise, war er bereit, den bewaffneten Kampf voranzutreiben.

REISESTIEFEL

Auf seiner Reise nach Südafrika im Jahr 1962 besuchte Nelson Mandela auch Tanganjika. Er wohnte bei dem Politiker Nsilo Swai und seiner Frau Vicky Swai, und als er ging, hatte er zu viel Gepäck - er musste einen Koffer zurücklassen, dessen Inhalt aus einem Paar brauner Lederstiefel bestand. Er hoffte, sie auf dem Rückweg durch das Land abholen zu können, aber das sollte nicht sein. Die Swais verwahrten die Stiefel 33 Jahre lang!

Vicky Swai erzählte der BBC, als sie von Dar es Salaam nach Moshi in der Nähe des Kilimandscharo umzogen, kamen auch die Stiefel mit. Als Nsilo Swai einen Job bei den Vereinten Nationen bekam, verbrachten die Stiefel 15 Jahre in New York.

Sie sagt: „Ich habe sie in unserem Schlafzimmer in einem Schrank aufbewahrt. Ich habe sie nie poliert, ich habe sie nie gereinigt, aber ich habe Zeitung hineingelegt, um sie fest zu halten. Die Stiefel sind sehr stark und das Leder ist ausgezeichnet - und als ich sie 1995 zu Herrn Mandela zurückbrachte, waren sie wirklich wie neu.“

Es mag etwas seltsam erscheinen, sie so lange aufzubewahren und mit ihnen von Ort zu Ort zu reisen. Aber sie sagt: "Ich wollte wirklich, dass ein Mann, den ich so engagiert für sein Land gesehen habe, eine Erinnerung an diese Stiefel hat."

Die Stiefel passten noch immer.

GEFANGEN!

David Motsamayi alias Nelson Mandela übernahm im weißen Staubmantel der Dienerklasse das Steuer von Cecil Williams' Austin. Es war ein Sonntagnachmittag und der

Theaterdirektor und sein Chauffeur (oder das weiße MK-Mitglied und sein Kommandant) verließen Durban nach Johannesburg. Die Landschaft von Natal war grün und üppig, die Hügel und Täler gaben entfernte Einblicke auf den Indischen Ozean, den sie zurückließen.

Als sie durch das Mittelland fuhren, bewunderten die Männer die Landschaft und diskutierten Pläne für Sabotage - die Eisenbahn entlang der Autobahn schien ein gutes potenzielles Ziel zu sein. Als sie an der kleinen Stadt Cedara vorbeikamen, schoss ein Ford V8 voller weißer Männer an ihnen vorbei. Mandela drehte sich um und sah zwei weitere Autos, die ebenfalls voller weißer Männer waren, hinter sich kommen. Er wusste sofort, dass die Tage des Black Pimpernel vorbei waren. Nach 17 Monaten auf der Flucht war sein Glück zur Neige gegangen.

Mandela trug seinen geladenen Revolver. Gedanken an eine Flucht kamen ihm in den Sinn, aber er und Williams waren zahlenmäßig stark unterlegen und er wusste, dass es für ihn nicht gut enden würde, wenn er rennen würde. Er schob seine Waffe und sein Notizbuch in die Polsterung und stieg aus dem Auto.

Wie sich herausstellte, waren in ganz Natal Straßensperren errichtet worden. Offensichtlich hatte jemand darüber informiert oder preisgegeben, dass Mandela in Durban war. In seiner Zelle in Pietermaritzburg schmorte und spekulierte er. Wer könnte es sein? War es ein Freund oder sogar ein Familienmitglied, das ihn betrogen hatte? Später teilte die Presse mit, dass weiße und indische Kommunisten ihn betrogen hatten, aber viele dieser problematischen Theorien wurden als die Arbeit der nationalistischen Regierung angesehen, die versuchte, eine Spaltung zwischen den Demokraten zu säen.

Spekulationen waren zwecklos, das wusste er. Erschöpft schlief er ein. Zumindest für diese Nacht musste er nicht den unruhigen Schlaf eines Mannes auf der Flucht schlafen. Das, was ihn nachts wachhielt, war passiert. Die Polizei hatte ihn bereits gefunden.

IM GERICHTSSAAL - UND GEFÄNGNISZEIT

Winnie Mandela, immer eine auffällige Figur, kam in einem traditionellen Perlenkopfschmuck und einem knöchellangen Rock im Gerichtssaal von Pretoria an - die unverwechselbare Kleidung der königlichen Linie von Thembu. Ihr Ehemann Nelson Mandela war in diesem Fall der Beschuldigte, dem vorgeworfen wurde, das Land illegal verlassen und zu einem Streik angestiftet zu haben. Als er an diesem Montagmorgen im Oktober 1962 den Gerichtssaal betrat, trug er anstelle seines üblichen gut geschnittenen Anzugs und seiner Krawatte den traditionellen Xhosa-Kaross aus Leopardenfell, das Gewand eines Häuptlings. Es war ein wunderbares Stück Symbolik und als er seine geballte Faust hob und „Amandla!“ rief, standen die Zuschauer in der öffentlichen Galerie, einschließlich der Medien, auf. Die Unterstützer erwiderten die Antwort: "Ngawethu!"

Es war ein elektrisierender Moment. "Ich habe die Geschichte, Kultur und das Erbe meines Volkes buchstäblich auf meinem Rücken getragen", sagte er. Die Behörden waren wütend und eingeschüchtert über diese Demonstration des afrikanischen Stolzes und der afrikanischen Macht, über diesen schwarzen Mann, der von der weißen Justiz nicht beeindruckt war. Der Polizeikommandant verlangte den Kaross oder die "Decke", wie er es nannte. Mandela weigerte sich, ihn zu übergeben und teilte dem Oberst mit, dass er für seine Kleidung nicht zuständig sei und dass er den Fall bis zum Obersten Gerichtshof bringen würde, wenn er versuchen würde, ihn zu beschlagnahmen. Winnie war vom Justizminister mitgeteilt worden, dass sie aus dem Gerichtssaal ausgeschlossen werden würde, wenn sie weiterhin Stammeskleidung tragen würde. Stattdessen trug sie ANC-Farben oder die farbenfrohen Outfits, die ihr Mann von seiner Afrikareise mitgebracht hatte. Andere schwarze Frauen kamen solidarisch in ihren eigenen traditionellen Gewändern vor Gericht.

Der Gerichtsstand war in letzter Minute in Pretoria geändert worden, um die Anhänger davon abzuhalten, eine Massendemonstration im Gerichtsgebäude abzuhalten. Der ANC hatte eine freie Mandela-Kampagne organisiert, und im ganzen Land fanden Proteste statt. Trotz des Ortswechsels erschienen Anhänger in großer Anzahl vor Gericht, um Nelson Mandela zu unterstützen. Vor dem Gericht erzählte ein Lobsänger über Mandelas Genealogie und Unterstützer sangen "Nkosi Sikelel" iAfrika.

Mandela erhielt die Erlaubnis, sich vor der Einreichung eines Klagegrundes an das Gericht zu wenden. Er nutzte die Gelegenheit, um zu behaupten, dass „dieser Fall ein Versuch der Bestrebungen des afrikanischen Volkes ist...". Er bat den Richter, sich zu entschuldigen, und sagte, er glaube nicht, dass ein faires Verfahren mit einem weißen Richter möglich sei.

Der Staat versammelte mehr als 100 Zeugen. Mandela bestritt nicht, dass er sich beider Anklagen schuldig gemacht hatte. Als der Fall des Staates abgeschlossen war, erhob sich Mandela. Anstatt seinen ersten Zeugen aufzurufen, schloss er seinen Fall abrupt ab.

Nelson Mandela wurde für schuldig befunden.

Er nutzte sein Plädoyer zur Milderung, um dem Gericht zu erklären, wie und warum er dem ANC und dem Kampf für Demokratie beigetreten war, dass das Gesetz ungerecht und unmoralisch war und dass dieses Gesetz ihn zu einem Verbrecher für das gemacht hatte, wofür er stand; wie die Gewalt der Regierung Gewalt provozierte; und dass er den Kampf fortsetzen würde, egal wie das Urteil und die Strafe lauten.

Das Urteil war hart: drei Jahre wegen Anstiftung zum Streik, zwei Jahre wegen Ausreise ohne Reisedokumente. Fünf Jahre Gefängnis mit harter Arbeit und ohne Bewährungsmöglichkeit. Die bisher härteste Strafe für eine politische Straftat. Die Galerie explodierte in Gesang und Geschwätz. Er wurde in den Polizeiwagen verfrachtet und weggefahren, die Stämme von "Nkosi Sikilel iAfrika" verschwanden hinter ihm.

MANDELA ALS STRAFGEFANGENER

ZUR INSEL

"Grün und schön, es sah zunächst eher nach einem Resort als nach einem Gefängnis aus", beschrieb Mandela seinen ersten Anblick von Robben Island, wo er seine fünfjährige Haftstrafe absitzen sollte. Die abgelegene und windgepeitschte Insel war ein Gefängnis, eine Leprakolonie und eine Irrenanstalt gewesen und war nun wieder ein Gefängnis.

Er war an drei andere Gefangene gefesselt, als er durch die Nacht nach Kapstadt gefahren und auf eine alte Holzfähre gebracht wurde. Die Männer wurden mit dem Ruf begrüßt: „Dis die Eiland! Hier gaan julle vrek!“ (Dies ist die Insel. Hier wirst du sterben!) Dies gab den Ton an für das, was kommen sollte - Mobbing und Missbrauch durch weiße Wächter.

Dort verbrachte er nur neun Monate seiner fünfjährigen Haftstrafe, bevor er in Einzelhaft in das örtliche Gefängnis Pretoria gebracht wurde. Informationsbrocken drangen durch. Die Nachricht, dass Harold Wolpe in Haft war, machte Mandela darauf aufmerksam, dass etwas schiefgelaufen war. Und dann erhaschte er einen Blick auf Andrew Mlangeni, der angeblich wegen militärischer Ausbildung außer Landes sein sollte. Als er Thomas Mashifane, den Vorarbeiter von Liliesleaf, sah, wusste er, dass die Behörden das Rivonia-Versteck gefunden haben mussten.

Später hörte er die Details des Überfalls auf Liliesleaf. Der Van der chemischen Reinigung, der die lange Auffahrt hinunterfuhr. Dutzende von Polizisten und Hunden, die aus dem Fahrzeug sprangen, fanden Männer an einem Tisch vor, während sie über ein Dokument diskutierten - Operation Mayibuye, die Blaupause für den Guerillakrieg. Bei der Durchsuchung des Grundstücks wurden hunderte von wichtigen und belastenden Dokumenten gefunden.

Es war ein gewaltiger Sieg für den Staat und ein schwerer Schlag für den ANC und insbesondere für MK - das gesamte Oberkommando war gefangen genommen worden, wie Mandela herausfand, als er ins Gefängnisbüro beordert wurde. Dort traf er Walter Sisulu, Govan Mbeki, Ahmed Kathrada, Andrew Mlangeni, Bob Hepple, Raymond Mhlaba, Elias Motsoaledi, Denis Goldberg, Rusty Bernstein und James Kantor. Sie wurden alle wegen Sabotage angeklagt. Als sie sich mit ihren Anwälten Bram Fischer, Vernon Berrangé, Joel Joffe, George Bizos und Arthur Chaskalson trafen, hörten sie, dass der Staat das Todesurteil beantragte.

Die sadistischen Wärter quälten die Gefangenen gern mit dem Gedanken an den Galgen. In dieser Nacht klopfte es an Mandelas Zellentür. „Du musst Dir keine Sorgen um den Schlaf machen", kam die Stimme des Wächters. „Du wirst lange, lange schlafen." Darauf antwortete Mandela: „Wir alle, du eingeschlossen, werden lange, lange schlafen." Mutige Worte, aber wie Mandela in seiner Autobiografie schrieb, war es nur ein kleiner Trost. Es bestand eine sehr reale Möglichkeit, dass sie hängen würden.

ICH RUFE NELSON MANDELA AN ...

Es wurde als der Prozess beschrieben, der Südafrika veränderte, Der Staat gegen das nationale Oberkommando und andere. Oder der Rivonia-Prozess. Er wurde am 9. Oktober 1963 eröffnet und bis heute können viele Südafrikaner Passagen von Nelson Mandelas Rede aus dem Stehgreif zitieren

Anstatt den Zeugenstand einzunehmen, las Nelson Mandela als erster Zeuge eine Eröffnungsrede. Es war eine riskante Strategie für Mandela. Seine Anwälte warnten davor, dass dies seine Rechtsposition gefährden könnte - eine Aussage kann nicht überprüft werden und hat weniger Gewicht als gewöhnliche Zeugenaussagen. Aber er und sein Mitangeklagter entschieden, dass es entscheidend sei, eine Erklärung über ihre Politik abzugeben und den Schauplatz für das folgende Zeugnis zu schaffen. Er verbrachte zwei Wochen damit, die Rede vorzubereiten, die in ihrer historischen Bedeutung in Südafrika vielleicht ihresgleichen sucht.

Mandela sprach fast fünf Stunden. Er lieferte einen Rückblick über seine eigene Geschichte und politische Entwicklung. Er gab zu, ein Gründer von MK zu sein und die militärische Ausbildung, die er im Ausland erhalten hatte. Er sprach von der Bereitschaft afrikanischer Staaten, Rekruten auszubilden und finanziell zu unterstützen. Er wiederholte, dass er Sabotage nicht rücksichtslos oder aus Liebe zur Gewalt geplant habe, sondern als Reaktion auf die Jahre der Tyrannei, Ausbeutung und Unterdrückung seines Volkes.

Er zeichnete ein lebendiges Bild der Armut und Empörung der schwarzen Menschen in Südafrika, der schrecklichen Unterschiede zwischen Schwarz und Weiß in allen Lebensbereichen. Er sagte, die Afrikaner wollten einen gerechten Anteil, Gleichheit und Gerechtigkeit und vor allem politische Rechte. Mandela schloss mit diesen Worten, die als Leitfaden und Inspiration für Kämpfer für Freiheit und Demokratie gedient haben:

Zu meinen Lebzeiten habe ich mich diesem Kampf des afrikanischen Volkes verschrieben. Ich habe gegen die weiße Herrschaft gekämpft, und ich habe gegen die schwarze Herrschaft gekämpft. Ich habe das Ideal einer demokratischen und freien Gesellschaft geschätzt, in der alle Menschen in Harmonie und mit gleichen Chancen zusammenleben. Es ist ein Ideal, für das ich leben und das ich erreichen möchte. Aber wenn es sein muss, ist es ein Ideal, für das ich bereit bin, zu sterben.

Mandela setzte sich. Eine lange Stille überkam den vollen Gerichtssaal, die Spannung wurde nur durch das Auslösen des Atems, ein tiefes kollektives Seufzen und das Weinen von Frauen unterbrochen…

Die Rede hallte auf der ganzen Welt wider. Zu Hause wurde es trotz des Verbots, Mandelas Worte zu zitieren, fast vollständig in der *Rand Daily Mail* gedruckt. Diese Rede und insbesondere dieser letzte Absatz haben ihn identifiziert und definiert.

DER STAAT GEGEN NELSON MANDELA UND ANDERE

Vor Gericht mit Mandela standen Walter Sisulu, Generalsekretär des ANC; Denis Goldberg, Exekutivmitglied des Kongresses der Demokraten; Govan Mbeki, ein hochrangiger ANC-Beamter und Journalist; Ahmed Kathrada und Lionel Bernstein, beide Mitglieder der Kommunistischen Partei; Raymond Mhlaba, Elias Motsoal edi und Andrew Mlangeni, ANC-Mitglieder; und James Kantor, ein Anwalt. Sie waren alle bei der Razzia der Polizei auf der Liliesleaf-Farm aufgegriffen worden.

Nelson Mandela, Angeklagter Nummer Eins, verbüßte bereits eine fünfjährige Haftstrafe auf Robben Island und als die Razzia stattfand, wurden belastende Dokumente, die von ihm geschrieben wurden, am Tatort gefunden.

Im Vorfeld des Prozesses wurden die Gefangenen nach dem 90-Tage-Gesetz inhaftiert. Sie wurden verhört und in Einzelhaft gehalten. Da sie noch nicht offiziell angeklagt waren, ging der Staat in die Stadt, weckte die öffentliche Meinung gegen sie und stellte sie als gefährliche Revolutionäre dar, die auf Mord und Chaos bedacht waren. Gleichzeitig verabschiedeten die Vereinten Nationen eine Resolution, in der die Regierung verurteilt und die Freilassung aller politischen Gefangenen gegen die Apartheid gefordert wurde. Anti-Apartheid-Kampagnen haben begonnen.

Vor Ort zeigten die Unterstützer ihre Solidarität. Es entwickelte sich zu einem hochkarätigen Prozess im In- und Ausland.

Noch bevor der Prozess begann, bestachen Arthur Goldreich und Harold Wolpe eine Wache, flohen aus dem Gefängnis und entkamen erfolgreich der Gefangennahme, um das Land hinter sich zu lassen - sehr zur Wut und Verlegenheit des Staates. Der Fall des Staates erlitt schon früh eine weitere Demütigung. Bob Hepple, der als Gegenleistung für seine Zustimmung, Zeuge des Staates zu werden, freigelassen wurde, floh aus dem Land. Anstatt der Starzeuge der Staatsanwaltschaft zu sein, war er in Dar es Salaam.

Der Prozess begann mit Bram Fischer, der das Verteidigungsteam leitete, und dem arroganten und etwas überforderten Percy Yutar als Hauptankläger. Die Anklage bezog sich auf Sabotage, Förderung des Kommunismus und die Einholung finanzieller Hilfe für MK.

Nelson Mandela plädierte vor der überfüllten Galerie: „Mein Herr, nicht ich, sondern die Regierung sollte heute auf der Anklagebank sein. Ich bekenne mich nicht schuldig." Sein Mitangeklagter antwortete ähnlich. Der Richter sagte verärgert, er wolle keine politischen Reden; sie müssen sich schuldig bekennen oder nicht schuldig, sonst nichts.

Von Anfang an wurde den Angeklagten von ihren Anwälten gesagt, sie sollten sich auf das Schlimmste vorbereiten - es bestand eine reale Möglichkeit, dass sie hängen würden. Ihre Strategie bestand angesichts eines wahrscheinlichen Todesurteils darin, es als politischen Prozess zu behandeln und sich mit Stolz und Würde zu verhalten. Kathrada erklärt: „Wir konnten uns nicht darauf verlassen, dass das Berufungsgericht ein Todesurteil aufhebt. Nur der Kampf und die internationale Solidarität würden uns vor dem Galgen retten."

Die Staatsanwaltschaft lud 173 Zeugen und legte Hunderte von Dokumenten und Fotos vor, darunter Mandelas Papiere, die nicht wie gewünscht zerstört worden waren, sondern die in Liliesleaf gefunden worden waren.

Am 11. Juni 1964 gab Richter Quartus de Wet sein Urteil ab. Mandela, Sisulu, Goldberg, Mbeki,

Mhlaba, Motsoaledi und Mlangeni wurden in allen vier Punkten verurteilt, Kathrada in drei Punkten. Bernstein wurde freigesprochen, um sofort erneut festgenommen und wegen anderer Vorwürfe angeklagt zu werden. Später floh er aus dem Land. Die Angeklagten hatten entschieden, dass sie unabhängig vom Urteil oder der Strafe - selbst wenn sie auf Tod lautete- keine Berufung einlegen würden. Ihre Anwälte waren bestürzt, bewunderten es aber auch als äußerst mutige und politisch kluge Entscheidung. Mandela war auf den Tod vorbereitet und hatte sich sogar Notizen für eine Erklärung gemacht. Punkt 5 lautet: „Wenn ich sterben muss, lassen Sie mich erklären, dass alle wissen, dass ich meinem Schicksal wie ein Mann begegnen werde."

Am folgenden Tag wurden die Männer zu lebenslanger Haft verurteilt. Der Richter hatte beschlossen, die Todesstrafe nicht zu verhängen. Die Erleichterung, dem Galgen zu entgehen, war so groß, dass die Angeklagten tatsächlich über das Urteil lächelten. Der Gerichtssaal versank im Chaos - Leute schrien, rannten mit den Nachrichten nach draußen, die Polizei drückte und schubste. Mandela suchte in der Menge nach Winnie und seiner Mutter, wurde aber abgedrängt und hatte gerade genug Zeit, um den Zuschauern den ANC-Gruß zu überbringen.

Die Polizei, nervös von der Menge der Unterstützer draußen mit ihren Transparenten und ihren Rufen von "Amandla!", fesselten die verurteilten Männer und brachten sie zu den unteren Zellen und dann in einen Polizeiwagen, der nach Pretoria Local fuhr. Mandela schrieb: „Wir konnten die Menge `Amandla!´ rufen hören und die langsamen, schönen Rhythmen von ´Nkosi Sikelel 'iAfrika´. Wir machten geballte Fäuste durch die Gitterstäbe des Fensters und hofften, die Menge könnte uns sehen, ohne zu wissen, ob sie es konnte."

Chef Albert Luthuli sagte am Ende des Prozesses über die Männer: „Sie repräsentieren die höchste Moral und Ethik im politischen Kampf Südafrikas; diese Personen, die diese Moral und Ethik vertreten, wurden nun zu einer Haftstrafe verurteilt, die sie möglicherweise nie überleben werden. Ihre Politik entspricht den tiefsten internationalen Prinzipien der Brüderlichkeit und Menschlichkeit; ohne ihre Führung könnten Brüderlichkeit und Menschlichkeit in Südafrika für lange Jahrzehnte aus der Existenz verdammt sein. Sie glauben zutiefst an Gerechtigkeit und Vernunft; wenn sie weggesperrt sind, werden Gerechtigkeit und Vernunft von der südafrikanischen Szenerie verschwunden sein."

DER SPASSVOGEL

Während des Rivonia-Prozesses wurde die Trostlosigkeit und der Entzug durch das Gefängnisleben nur durch die Wärme und Kameradschaft von Freunden und Kameraden erträglich gemacht. Der frühere Wächter von Robben Island, Christo Brand, zitiert Ahmed Kathrada im Jahr 1993, als er das Gefängnisleben als "ein Leben von großer Wärme, Gemeinschaft, Freundschaft, Humor und Lachen, starker Überzeugung, Großzügigkeit des Geistes, Solidarität und Fürsorge" bezeichnete.

Unter den Gefangenen wurde gelacht und gescherzt. Der schlecht gelaunte Leutnant Swanepoel war ein gutes Zielobjekt für Heiterkeit. In seiner Autobiografie erinnerte sich Mandela daran, wie Govan Mbeki, während Swanepoel von der Tür der Zelle aus zusah, eine Notiz schrieb und sie heimlich an Mandela weitergab, der sie mit ernstem Nicken las, bevor er sie an Kathy weitergab (wie Kathrada bekannt war). Als Kathy seine Streichhölzer herausnahm und so tat, als wollte er die Notiz verbrennen, stürzte Swanepoel herein und nahm das Papier aus seiner Hand.

Er verließ den Raum triumphierend mit dem Stück Papier, nur um einen Moment später knurrend zurückzukehren: "Ich werde dich dafür kriegen!"

Mbeki hatte in Großbuchstaben geschrieben: "IST SWANEPOEL NICHT EIN FEINAUS-SEHENDER KERL?"

ROBBEN ISLAND GEFANGENER 46664

"Ihr Jungs werdet nicht lange im Gefängnis sein", sagte der Wärter. „Die Nachfrage nach Eurer Freilassung ist zu groß. In ein oder zwei Jahren werdet Ihr entlassen und Ihr werdet wieder Nationalhelden sein. Menschenmassen werden Euch anfeuern, jeder wird Euer Freund sein wollen, Frauen werden Euch wollen. Ihr Jungs habt es geschafft."

Es war im Jahr 1964, und Mandela, Sisulu, Mhlaba, Mbeki, Kathrada, Mlangeni und Motsoaledi waren mitten in der Nacht geweckt, mit Handschellen gefesselt und aus dem Gefängnis von Pretoria in einen Polizeiwagen gebracht worden. Seltsamerweise erinnert sich Mandela an die Stimmung als „überhaupt nicht düster" - die Freunde sangen und skandierten. Die Wärter gaben ihnen kühle Getränke und

Sandwiches. Und dann war da noch die jubelnde Beobachtung des Wärters - die bereits ein paar Jahrzehnte her war.

Die Gefangenen wurden unter schwerer Polizeieskorte zu einem Militärflugplatz und in ein Militärtransportflugzeug gebracht.

Es sollte nach Robben Island gehen.

Hier erhielt Mandela die Gefängnisdienstnummer 46664, was darauf hinweist, dass er der 466. Gefangene war, der 1964 nach Robben Island geschickt wurde.

Als sie im Morgengrauen ankamen, wurden sie von einem kalten Winterwind und angespannten Wachen, die mit automatischen Waffen ausgerüstet waren, empfangen.

Die Insel war isoliert und die Bedingungen waren hart. Die Männer erhielten kurze Khakihosen und -jacken sowie dünne Trikots. Als Bettzeug hatten sie jeweils eine Sisalmatte und drei dünne, abgenutzte Decken. Mandela legte sich in seine Zelle und konnte seine Füße gegen die kalte, feuchte Wand seiner Zelle stellen und die gegenüberliegende Wand mit den Fingerspitzen berühren.

Der Wärter hätte nicht falscher liegen können. Robben Island sollte 18 Jahre lang Mandelas Zuhause sein.

DEN KAMPF AUF DIE INSEL BRINGEN

Als sie auf Robben Island ankamen, wurden die politischen Gefangenen sofort damit beauftragt, im Gefängnishof Steine zu brechen. Mit schweren Hämmern schlugen Mandela und seine Mithäftlinge Steine in Kies, die sie dann mit einer Schubkarre zu einem Container transportieren mussten.

Es war eine bahnbrechende Arbeit, die, sagte der ehemalige politische Gefangene Neville Alexander, „den phlegmatischsten Mann in einen Zustand der Wut treiben konnte. In der Sonne sitzen zu müssen, ohne sich zu bewegen und ohne mit dem Nachbarn sprechen zu dürfen, war die Hölle auf Erden."

In dieser ersten Woche wurden die Gefangenen angewiesen, dass der Container bis Ende der Woche halb voll sein musste. Es gelang ihnen, und in der folgenden Woche wurde ihnen gesagt, sie sollten drei Viertel voll machen.

Wieder gelang es ihnen. Der neue Befehl lautete, den Behälter bis an den Rand zu füllen.

Es war klar, dass je mehr sie taten, desto mehr von ihnen verlangt werden würde. Die Gefangenen widersetzten sich dem und verlangsamten ihr Arbeitstempo. Die Wachen drohten, aber die Gefangenen blieben beharrlich.

Dieser Protest gegen Arbeitsquoten war der erste von vielen solchen Schlachten. Von Beginn an war Mandela entschlossen, von den Gefängnisbehörden bessere Bedingungen zu fordern und dabei alle den Gefangenen zur Verfügung stehenden Mittel einzusetzen - Hungerstreiks, Vertretungen, Deputationen, Proteste und Gerichtsschlachten. Er schrieb: „Ich war in einer anderen und kleineren Arena, einer Arena, für die das einzige Publikum wir selbst und unsere Unterdrücker waren. Wir betrachteten den Kampf im Gefängnis als einen Mikrokosmos des gesamten Kampfes. Wir würden drinnen kämpfen, wie wir draußen gekämpft hatten. Der Rassismus und die Unterdrückung waren gleich; ich musste einfach zu anderen Bedingungen kämpfen."

Das Gefängnissystem war bestrebt, den Geist zu brechen und die Gefangenen ihrer Würde zu berauben. Jeder Sieg, egal wie trivial er auch sein mochte, war bedeutend. Einer der ersten Bereiche des Wettbewerbs war Kleidung. Wie viele der Regeln im Gefängnis war diese Art von Kleidung diskriminierend und rassenbasiert. Schwarze Gefangene erhielten Shorts - Kleidung für Jungen, nicht für Männer. Mandela fand das „demütigend" und verlangte am ersten Tag seiner Inhaftierung lange Hosen. Nach zwei Wochen seines Gefängnisaufenthalts erhielt er eine alte Khakihose. Er schrieb: "Kein dreiteiliger Anzug mit Nadelstreifen hat mir jemals so gut gefallen" (was etwas aussagt, denn Mandela war berühmt dafür, sich stilvoll zu kleiden).

Das Vergnügen war von kurzer Dauer. Als er feststellte, dass seinen Kameraden nicht auch Hosen erhielten, forderte er den Wärter auf, sie zurückzunehmen. Er würde sie nicht tragen, wenn nicht alle afrikanischen Gefangenen lange Hosen hätten.

Schließlich bekamen sie lange Hosen. Im Laufe der Jahre gewannen die Gefangenen viele kleine und große Schlachten und kämpften weiter für ihre Rechte - für Studienprivilegien, besseres Essen, häufigere Besuche und Briefe sowie Zugang zu Zeitungen (verstümmelt und zerfetzt wie von der Gefängniszensur). Aber als die Führer auf Robben Island ankamen, waren die Bedingungen sehr hart. Jede winzige Zelle hatte einen Sanitäreimer, den die Gefangenen jeden Morgen leerten und auswuschen. Gefangene duschten in kaltem Meerwasser. Als Gefangener der Gruppe D - die niedrigste Kategorie mit den geringsten Privilegien - durfte Mandela nur alle sechs Monate einen Brief schreiben und einen Besucher empfangen.

Mandela war höflich zu den Wärtern, ohne eingeschüchtert zu sein. Er machte deutlich, dass er erwartete, richtig behandelt zu werden. Fikile Bam, der von 1964 bis 1975 eine elfjährige Amtszeit auf der Insel verbrachte, sagte in einem Interview, dass Mandela ziemlich scharf sein konnte, wenn die Wärter entweder die Gruppe oder ihn persönlich auf unhöfliche Weise ansprachen. Er setzte seinen Fuß sofort ab und sagte [ihnen], dass dies nicht der Weg sei, Gefangene zu behandeln, dass Gefangene dennoch Menschen seien und dass sie es verdient hätten, anständig behandelt zu werden. Er hat das fast täglich getan, weil jemand versucht hat, uns durcheinander zu bringen."

Der Wärter in Ihrer Abteilung war für Sie wichtiger als der Justizminister, schrieb Mandela in seiner Autobiografie. Er könnte Ihr Leben auf kleine Weise verbessern - oder es noch schlimmer machen. „Ich habe immer versucht, den Wärtern in meiner Abteilung gegenüber anständig zu sein. Feindseligkeit war in der Regel selbstzerstörerisch. Es hatte keinen Sinn, einen ständigen Feind unter den Wärtern zu haben. Es war ANC-Politik, alle Menschen, auch unsere Feinde, zu erziehen: Wir glaubten, dass alle Männer, sogar Gefängniswärter, in der Lage waren, sich zu ändern, und wir haben unser Möglichstes getan, um sie zu beeinflussen."

DIE UNIVERSITÄT IM STEINBRUCH

Als die Rivonia-Strafgefangenen auf der Insel ankamen, stellten sie fest, dass viele politische Gefangene über wenig politische Bildung verfügten und wenig über die Geschichte des ANC wussten. Walter Sisulu erzählte ihnen von der Bewegung und ihren Ursprüngen. Anfangs war der Unterricht informell, aber es entwickelte sich ein zweijähriger Vortragskurs über den ANC und den Befreiungskampf. Der Lehrplan enthielt einen Kurs über die Geschichte des indischen Kampfes, der von Ahmed Kathrada entwickelt und unterrichtet wurde. Es gab einen Kurs über den Marxismus, einen anderen über die Geschichte der Farbigen. Und natürlich Mandelas Kurs zur politischen Ökonomie, der die Entwicklung von frühen kommunalen

Gesellschaften zu Feudalismus, Kapitalismus und Sozialismus verfolgt, den er als das fortschrittlichste Wirtschaftsmodell betrachtete. Insassen, die qualifizierte Lehrer waren, gründeten RITA, die Robben Island Teachers' Association, und unterrichteten andere Gefangene in einer Reihe von Fächern - sogar Deutsch.

Der Unterricht wurde durch Fragen und Antworten und Debatten durchgeführt. Das „Klassenzimmer“ war der Kalksteinbruch, in dem die Gefangenen arbeiteten.

Bald riefen die gewöhnlichen Gefangenen aus, auch lernen zu wollen. Es wurde eine Art Fernkurs entwickelt, bei dem Vorlesungsunterlagen in den allgemeinen Abschnitt geschmuggelt wurden und Fragen und Kommentare an die Lehrer zurückkamen.

Mandela schrieb in seiner Autobiographie, dass die Führer und Lehrer von den Gefangenen lernten, von denen die meisten wenig formale Bildung hatten, aber schnell fragten, was Theorie und Philosophie in der Praxis bedeuteten. Er fand ihre Fragen immens wertvoll, da sie die Führer dazu zwangen, über ihre Ansichten nachzudenken.

Neben dem informellen Studium wurden viele politische Gefangene über Fernschulen in die formelle Bildung eingeschrieben. Das Studium war ein Privileg auf Robben Island, kein Recht. Die Behörden konnten die Genehmigung nach Belieben erteilen oder widerrufen. Gefangene der Gruppe D hatten dieses Recht nicht, aber innerhalb von Monaten nach ihrer Ankunft auf der Insel wurde Mandela und seiner Kohorte mitgeteilt, dass sie eine Erlaubnis beantragen könnten. Bald studierten fast alle für den einen oder anderen Abschluss.

Viele Gefangene haben mehrere Abschlüsse erworben. Dikgang Moseneke, der später stellvertretender Oberster Richter im neuen Südafrika wurde, erhielt auf Robben Island sein Abitur, einen BA und einen BJuris-Abschluss. Während seiner 26 Jahre im Gefängnis erwarb Ahmed Kathrada vier Universitätsabschlüsse: einen BA, einen BLib und zwei BA Honours. Er wollte für einen Master-Abschluss lernen, aber dieser akademische Titel war zu hoch, so dass er den Gefangenen nicht erlaubt war.

Robben Island war bekannt als "Die Universität". Die Insel war für viele nicht nur ein Ort der Inhaftierung und Entbehrung, sondern auch eine außergewöhnliche Gelegenheit für persönliches Wachstum und Transformation.

Hier erhielten oder schärften viele Kämpfer ihre politische Bildung, und eine neue Generation junger Führer wurde geschmiedet.

Nicht jede Debatte hatte mit dem Befreiungskampf zu tun. Ein Thema, das wiederholt auftauchte, war, ob es in Afrika Tiger gab oder nicht. Einige behaupteten, sie mit eigenen Augen gesehen zu haben. Einige wiesen darauf hin, dass es ein isiXhosa-Wort für Tiger gab, das sich vom Wort für Leoparden unterschied. Andere behaupteten, dass Tiger nur in Asien und nicht in Afrika gefunden wurden.

DAS BABY HALTEN

Von den vielen Demütigungen und Entbehrungen, denen Gefangene ausgesetzt waren, war eine der schlimmsten, dass ihnen der Zugang zu ihren Familienmitgliedern verweigert wurde, insbesondere in Zeiten von familiärem Stress, Trauer oder Feierlichkeiten.

Christo Brand, ein Gefängniswärter auf Robben Island, der Mandela gut kannte, erzählt eine bemerkenswerte Geschichte.

Eines Tages, einige Jahre nachdem Nelson Mandelas seine Gefängnisstrafe angetreten hatte, kam Winnie wie immer mit der Fähre auf Robben Island an. Schwarze Besucher mussten auf dem Oberdeck sitzen und Winnie war für diesen unbequemen Durchgang angemessen gekleidet, eingewickelt in eine Decke gegen Kälte und Regen.

Brand traf sie am Einschiffungspunkt, wo Taschen durchsucht wurden, und begleitete sie zum Besucherzentrum. Dort nahm sie die Decke ab, um es zu enthüllen - ein Baby! Brand erinnerte sich: „Jetzt war ich mit dieser außergewöhnlichen Situation konfrontiert. Winnie hielt mir ein Baby hin. Was um alles in der Welt sollte ich tun? Ich sagte zu ihr: „Frau Mandela, Sie müssen das Baby mit den anderen Besuchern im Wartezimmer lassen, während Sie Ihren Ehemann sehen."

Sie tat, was ihr gesagt wurde, und ging allein in die Besucherkabine und drückte ihre Hand gegen die Hand ihres Ehemanns, die dicke Glasscheibe zwischen ihnen. Sie erzählte ihm, dass sie es geschafft hatte, ihre vier Monate alte Enkelin Zoleka, die Tochter von Zindzi, ins Gefängnis zu bringen. Nelson fragte Brand, ob er ihn bitte das Kind sehen lassen könne. Brand lehnte seine Bitten und die von Winnie ab, da er wusste, dass er seinen Job und Mandela alle seine Privilegien verlieren würde.

Brand schrieb: "Es war ein Moment aus Fleisch und Blut, als dein Herz dir sagte, es sei nur menschlich, einen Weg zu finden, um mit der Grausamkeit zurecht zu kommen."

Brand bat darum, das Baby halten zu dürfen, während Winnie Vorkehrungen für den nächsten Besuch traf. Er nahm das kleine Kind in die Kabine, in der Mandela saß, das Fenster war jetzt geschlossen, und reichte ihm das Baby.

„Er nahm sie und hielt sie fest und sagte nur „Oh ", und ich sah Tränen in seinen Augen, als er das Baby küsste. Wir standen beide schweigend da und nach ungefähr 30 Sekunden wusste er, dass er sie mir zurückgeben muss."

Die Einsätze waren sowohl für Gefangene als auch für Wärter so hoch, dass sie wussten, dass es ihr Geheimnis sein musste, selbst vor Winnie. Brand sagte: "Wir sind Verbündete fürs Leben geworden, ohne uns die ganze Zeit, in der er im Gefängnis war, wieder auf diesen Tag zu beziehen."

KENNE DEINEN FEIND ...

Nelson Mandela lernte während seiner Zeit auf Robben Island Afrikaans zu verstehen und zu sprechen. Zu dieser Zeit galt Afrikaans als die Sprache der weißen Minderheit, die Sprache der Unterdrücker. Der Soweto-Aufstand von 1976 wurde nur durch dieses Problem ausgelöst - die erzwungene Einführung von Afrikaans als Unterrichtssprache in Schulen. Viele Aktivisten auf Robben Island verachteten zu dieser Zeit die Sprache und einige waren beleidigt über sein Interesse daran und seine Lernbereitschaft.

Fikile Bam, der mit Mandela auf der Insel war, beschrieb in einem Interview: „Nelson meinte es sehr ernst mit seinem Afrikaans und nicht nur mit der Sprache, sondern auch mit dem Lernen, den Afrikaner zu verstehen - seinen Geist und wie er dachte. Denn in seinen Gedanken, und er predigte dies tatsächlich, waren die afrikaans sprechenden Südafrikaner auch Afrikaner. Sie gehörten zum südafrikanischen Land und welche Lösung es auch immer in politischen Fragen geben würde, so müssen diese miteinbezogen werden... Er hatte absolut keine Bedenken, Leute in Afrikaans zu begrüßen und sein Afrikaans an den Wärtern auszuprobieren.“

Viele Jahre später, als Mandela im Victor Verster Gefängnis war, seiner letzten Station vor der Freiheit, traf er eine Vereinbarung mit Warrant Officer Swart, der sein Koch und allgemeiner Helfer war. Swart, der sein Englisch verbessern wollte, sprach mit Mandela in dieser Sprache. Mandela würde mit Swart in Afrikaans sprechen. Auf diese Weise verbesserten beide ihre schwächere Sprache und halfen dem anderen, seine zu verbessern.

Sein Studium der Sprache, Geschichte, Traditionen und Kultur der südafrikanischen Afrikaner kam ihm bei den Wärtern auf Robben Island zugute, und natürlich später, als er mit der nationalistischen Regierung Gespräche über Gespräche, dann Verhandlungen führte und schließlich in der Regierung der nationalen Einheit. Noch später führte Mandelas tiefes Verständnis für die Bedeutung bestimmter Symbole und kultureller Praktiken zu einem der wichtigsten nationenbildenden Momente in der Geschichte nach der Apartheid - dem Finale der Rugby-Weltmeisterschaft 1995.

KALTER KOMFORT UND EISDUSCHEN

Schon früh während Mandelas Inhaftierung auf der Insel kam eine internationale Gefängnisbehörde, um die Bedingungen zu untersuchen. Die Gefangenen erhielten neue Uniformen und wurden am Morgen der Ankunft des Besuchs in einen anderen Teil des Gefängnisses gebracht, wo es Duschen gab und wo sie sich zum ersten Mal ordentlich waschen konnten.

Mandela sagte seinen geschätzten Besuchern, dass sie öfter zu Besuch kommen sollten, da sie nicht nur neue Kleidung bekommen hatten, sondern auch duschen durften.

Die Besucher machten sich auf den Weg und berichteten, dass die Bedingungen nicht schlecht seien und sie ziemlich sicher seien, dass keine Gräueltaten erlaubt seien. Die Gefangenen wurden jedoch für Mandelas Offenheit bestraft. Kathrada beschreibt die "typisch rachsüchtige" Reaktion der Wärter: „Schon am nächsten Morgen, mitten im Winter und bei Regen, weckten uns die Wärter um 5.30 Uhr und schrien, da wir so dringend baden wollten, würden sie uns das jetzt machen lassen.

Sie brachten uns in den alten Teil des Gefängnisses und ließen uns alle eiskalt duschen. Keiner war entschuldigt. Diese "Bestrafung" wurde tagelang wiederholt."

BRIEFE AUS DEM INNEREN

Im Haushalt von Cachalia brachte der Postbote nicht nur die übliche Runde von Rechnungen, Briefen und Rundschreiben mit. Gelegentlich gab es einen Brief von Nelson Mandela aus dem Gefängnis.

Yusuf und Amina Cachalia waren Mitaktivisten und enge Freunde von Mandela. Obwohl Mandela ins Gefängnis kam, als ihr Sohn Ghaleb noch ein Junge war, und ihm nur vereinzelte Erinnerungen an den Mann verblieben, erinnert er sich an die Aufregung, die ein Brief mit sich bringen würde.

„Es gab eine lange Zeit der Korrespondenz zwischen meiner Mutter und Nelson", sagt er Ghaleb. „Von Zeit zu Zeit kam ein Brief und das war eine große Aufregung für uns alle. Meine Eltern lasen ihn sorgfältig und suchten nach seiner verborgenen Bedeutung. Dann teilten sie es meiner Schwester und mir mit. Mandela bezog sich oft auf uns Kinder und fragte nach uns."

Der abwesende Mandela ragte groß heraus und spielte eine wichtige Rolle in ihrer Familienfolklore, und Ghaleb wuchs mit Geschichten über ihn auf. Ein besonderer Favorit war die Geschichte des Abendessens, das Yusuf und Nelson zu Ehren von Aminas 21. Geburtstag kochten. Die beiden Männer - nicht gerade Jamie Olivers in der Küche - verbrachten den ganzen Nachmittag in der Wohnung eines Kameraden und bereiteten 21 Tauben vor und brieten sie. Es war eine freundliche und ziemlich pathetische Geste, aber als Mahlzeit war es eine Katastrophe - der Zelebrant warf einen Blick auf die kleinen braunen Vögel und fühlte sich sofort unwohl. Sie wurden mit etwas Reis und Soße zum Abendessen gereicht.

HERZZERREISSENDE NACHRICHTEN VON ZU HAUSE

Ein einzeiliges Telegramm brachte dem Gefangenen Nelson Mandela verheerende Nachrichten - sein ältester Sohn, Thembi Mandela, war tot. Mit nur 25 Jahren und Vater von zwei kleinen Kindern war er bei einem Autounfall ums Leben gekommen.

Mandela ging in seine Zelle, legte sich auf sein Bett und dachte an seinen Sohn. Als er nicht zum Abendessen auftauchte, kam Sisulu und kniete sich neben das Bett. Mandela gab ihm das Telegramm und sein alter Freund hielt schweigend seine Hand.

„Ich habe keine Worte, um die Trauer oder den Verlust auszudrücken, den ich fühlte. Es hat ein Loch in meinem Herzen hinterlassen, das niemals gefüllt werden kann“, schrieb Mandela über den Tod seines Sohnes. Die Trauer wurde durch die Weigerung der Behörden verschärft, ihm die Teilnahme an der Beerdigung seines Sohnes zu erlauben. Er konnte den Geist des jungen Mannes nicht zur Ruhe bringen, wie es ein Vater sollte. Er konnte die leidende Familie auch nicht über einen Brief an Evelyn hinaus trösten.

Dieser Verlust kam nur ein Jahr nach dem anderen: der Tod von Mandelas Mutter. Auch die Erlaubnis zur Teilnahme an dieser Beerdigung war ihm verweigert worden. Und dann wurde er auch mit der harten Tatsache konfrontiert, dass sein Engagement für den Kampf mit hohen Kosten für seine Familie verbunden war.

Diese Verluste waren schwer zu ertragen und dauerten lange, um sie zu verarbeiten. Als Forscher des Nelson Mandela Center of Memory 2012 im Cape Argus einen Artikel über den Unfall entdeckten, sagte Thembis Tochter Ndileka Mandela: „Wenn ich Opa nach Papa frage, sehe ich immer den Schmerz, der immer noch in seine Augen eingraviert ist. Er hat immer diesen fernen Blick, den eine Person hat, wenn sie sich erinnert, und er sagt sehr wenig, außer zu sagen, dass Thembi ein sehr verantwortungsbewusster junger Mann war“, sagte sie. „Man kann sehen, wie das Apartheidsystem irreparablen Schmerz angerichtet hat, indem man ihm das grundlegende Menschenrecht verweigert, sich zu verabschieden und den Verstorbenen den letzten Respekt zu erweisen. Der Schmerz, seinen erstgeborenen Sohn nicht begraben zu können, wird niemals beseitigt.“

"HIER BIST DU UNTER FREUNDEN"

Ronnie Mamoepa war ein Teenager, als er zu fünf Jahren Haft auf Robben Island verurteilt wurde. In einem Fernsehinterview beschrieb er, wie er und seine jungen Kameraden, die nach dem Soweto-Aufstand 1976 verhaftet wurden, auf die Insel gingen und sich darauf freuten, Nelson Mandela, „diesen Riesen unseres Volkes“, zu treffen.

Er erzählt die Geschichte: „Einen Monat später arbeiteten wir vor dem Empfangsbereich - und dort kamen sie. Madiba, Walter Sisulu, Kathrada, Mlangeni, Motsoaledi, Toivo und Toivo. Alle. Sie kamen vom Fußballplatz und kamen zu uns und schüttelten uns nacheinander die Hände. Sie waren sehr bescheidene Leute.“

Die älteren Gefangenen hielten Ausschau nach den Neuankömmlingen. Jedes Mal, wenn sie Mandela oder Sisulu getroffen haben, haben sie immer gefragt: „Schreiben sie euch von zu Hause aus? Kommen sie und besuchen euch?" Sie waren immer um unser Wohlergehen besorgt.

Lionel Davis, der von 1964 bis 1971 auf der Insel war, spricht von Mandelas Fürsorge für Neuankömmlinge: „Wenn du auf der Insel angekommen bist, gaben sich die Wärter alle Mühe, den neuen Gefangenen zu demütigen. Sie würden dich nackt ausziehen oder deine Schuhe wegnehmen und dich auf zerbrochenen Schiefertafeln laufen lassen. Sie sahen gern dein Unbehagen, besonders in diesem Bereich, bei gebildeten Menschen und den Unruhestiftern.

Nelson Mandela war sehr fürsorglich, er und Walter Sisulu. Er würde sehen, wenn es den Gefangenen unangenehm war. Mandela würde Ihr Unbehagen bemerken und die Fähigkeit haben, sie zu beruhigen. Er würde sagen: „Hier bist du unter Freunden." Dies war keine ANC-Sache oder PAC-Sache, das war eine humane Sache.

FAMILIENFOTOS

In den frühen 1970er Jahren erhielt Nelson Mandela ein wunderbares Geschenk - ein Fotoalbum, das von seiner Frau Winnie angefertigt und mit Bildern seiner Familie gefüllt war. Die Gefängnisbehörden hatten beschlossen, den Gefangenen zu gestatten, Fotos von unmittelbaren Familienmitgliedern zu erhalten. Nelson schätzte das Album, fügte sorgfältig weitere Bilder ein, als er sie bekam, sah seine Frau und seine Kinder liebevoll an und dann die Enkelkinder, die er nie getroffen oder im Arm gehalten hatte.

Einer der Gefangenen in seiner Abteilung bat darum, das Album auszuleihen, und Mandela war gezwungen. Dann fragte jemand anderes. Und noch jemand. Es wurde bekannt, dass Mandela ein Album hatte, und er erhielt Anfragen aus der Ferne, den Abschnitten F und G. Diese Männer erhielten selten Briefe, geschweige denn Fotos, und wie Mandela es ausdrückte: „Es schien unanständig, ihnen dieses Fenster zur Welt zu verweigern.“ Das kostbare Album war bald ruiniert und manchmal wurden Fotos entfernt. Andere fragten eher nach einem Foto als nach dem gesamten Album, erinnerte sich Ronnie Mamoepa in einem Interview: „Viele politische Gefangene werden bestätigen, dass Madibas Familienfotos einer ganzen Reihe von uns gegeben wurden. Wenn Sie Tata fragten: "Können wir ein Foto von Ma Winnie haben?" er würde es dir immer geben."

DAS GEHEIMNIS DES MANUSKRIPTS

Nelson Mandela erwachte bei einem Graben-Geräusch. Der Lärm schien aus dem Hof zu kommen. Als er hinausschaute, sah er eine Arbeitsmannschaft, die Pickel und Schaufeln auf die harte Erde brachte. Dies war möglicherweise katastrophal - da war etwas, von dem er wirklich nicht wollte, dass sie es finden...

Einige Zeit zuvor hatten Ahmed Kathrada und Walter Sisulu Mandela vorgeschlagen, seine Autobiografie zu schreiben, die an seinem bevorstehenden 60. Geburtstag veröffentlicht werden sollte. Ihre Hoffnung war, dass dies die Idee des Kampfes am Leben erhalten und junge Menschen inspirieren würde, zu einer Zeit, als die Presse durch Verbote und Beschränkungen zum Schweigen gebracht wurde und das Gesetz jegliche Erwähnung des ANC oder seiner Führer in der südafrikanischen Presse verbot.

Mandelas berühmte Arbeitsmoral kam auf Touren und er arbeitete jeden Abend stundenlang an dem Manuskript. Am Morgen gab er sein Schreiben an Kathy weiter, die es überprüfte, Sisulu vorlas und ihre Kommentare an den Rand schrieb. Laloo Chiba würde dann den überarbeiteten Text in seiner mikroskopischen Kurzschrift zusammenfassen. Zehn volle Seiten von Mandelas Schreiben würden auf ein kleines Stück Papier passen, das Mac Maharaj gegeben würde, dessen Aufgabe es war, es hinauszuschmuggeln.

Das überschriebene Manuskript war in der Bindung der Lehrbücher versteckt, die Mac für seine Studien verwendete. Sobald es sicher übergeben wurde, würde das Originalmanuskript zerstört werden. Aber was sollten sie in der Zwischenzeit mit den 500 Seiten machen? Die Gefangenen beschlossen, es im Garten im Hof zu vergraben. Sie teilten das Manuskript in drei Teile, wickelten jeden Abschnitt in Plastik ein und legten es in eine leere Kakaodose. Kathy, Sisulu, Eddie Daniels und Mandela machten sich mit geschärften Eisenpfählen als Grabwerkzeuge an die Arbeit. Die größere Dose, die den größeren Teil des Manuskripts enthielt, befand sich in einem Bereich, der unter einem Abflussrohr herausgearbeitet war. Die zwei kleineren Dosen wurden an flacheren Stellen begraben.

Stellen Sie sich den Alarm vor, als die Gefangenen das Graben hörten und sahen, wie eine Arbeitsgruppe Fundamente für eine Wand grub - genau dort, wo das Manuskript vergraben war.

Zum Frühstück wurden Breifässer in den Hof gerollt. Die Wärter befahlen den Arbeitern, den Hof zu verlassen, um den Kontakt mit den Gefangenen zu verhindern. Mandela und die anderen hatten ihre Chance. Sie gingen beiläufig zu dem Ort, an dem sie ihren Schatz vergraben hatten, und sahen, dass der Fundamentgraben genau dort war, wo die beiden kleineren Behälter vergraben waren. So unauffällig wie möglich begannen sie zu graben. Glücklicherweise entdeckten sie die beiden kleineren Behälter leicht und steckten den Inhalt in ihre Hemden. Es hätte zu lange gedauert, den größeren Behälter aus seinem tieferen Versteck zu graben. Sie mussten das Risiko eingehen, dass die Bauherren das Rohr nicht lösen mussten, um die Mauer zu bauen.

Als Mandela später am Tag aus dem Steinbruch zurückkam, wurde er von einem beunruhigenden Anblick begrüßt - die Pfeife war ausgegraben worden. Es war nicht möglich, dass sie das Manuskript nicht gefunden hatten. Ganz gewiss, am nächsten Morgen wurde er zum kommandierenden Offizier gerufen. Sie hatten das Manuskript gefunden und seine Handschrift sowie die Notizen von Sisulu und Kathrada am Rand erkannt. Die Bestrafung war hart - die Männer hatten ihre Studienprivilegien missbraucht, so dass diese Privilegien nun auf unbestimmte Zeit ausgesetzt würden. Es sollte vier Jahre dauern, bis sie wieder eingeführt wurden.

Als Mac 1976 inzwischen aus dem Gefängnis entlassen wurde, konnte er das Manuskript herausschmuggeln und nach England schicken. Er arbeitete sechs Monate lang mit einer Schreibkraft zusammen und rekonstruierte das Manuskript, von dem er Oliver Tambo in Lusaka eine Kopie gab. Es wurde nicht veröffentlicht, während Mandela im Gefängnis war. Jahre später schrieb er *Long Walk to Freedom*, basierend auf der Arbeit, die er Nacht für Nacht auf Robben Island geleistet und im Garten im Gefängnishof versteckt hatte – erfolglos, wie sich herausstellte.

ROBBEN ISLAND SHAKESPEARE

Sonny Venkatrathnam war seit seiner Studienzeit an der Universität von Natal von Shakespeares Stücken fasziniert. Als er 1972 des Terrorismus für schuldig befunden und auf Robben Island inhaftiert wurde, bat er seine Frau, ihm eine Kopie von *The Complete Works of Shakespeare* zu schicken, um ihm während der 12 langen Jahre, die er dort verbringen sollte, Gesellschaft zu leisten.

In der unvorhersehbaren Weise des Gefängnissystems änderten sich die Regeln irgendwann, und den Gefangenen wurden nur religiöse Bücher erlaubt. Shakespeare wurde beschlagnahmt und in den Lagerraum verbannt.

An einem Sonntagmorgen teilte Venkatrathnam dem diensthabenden Wärter mit, dass seine Bibel von William Shakespeare im

Lagerraum eingeschlossen sei. Der Wärter ließ ihn das Buch nehmen. Sobald er es wieder in seinem Besitz hatte, verschleierte Venkatrathnam das Buch, indem er die Vorder-, Rückseite und den Rücken mit den Diwali-Grußkarten bedeckte, die ihm seine Familie geschickt hatte. Als die Wärter fragten, was es sei, sagte er ihnen, es sei seine Bibel.

In Erwartung seiner Freilassung von der Insel bat Venkatrathnam seine Kameraden, seine „Bibel" neben ihren Lieblingspassagen zu unterschreiben. 33 Gefangene haben es unterschrieben, darunter Mac Maharaj, Walter Sisulu, Nelson Mandela, Govan Mbeki und Ahmed Kathrada. Damit ist es wahrscheinlich das bemerkenswerteste „Autogrammbuch" der Welt.

Mandelas Unterschrift und das Datum, der 16. Dezember 1977, erscheinen blau neben einer Passage von *Julius Caesar*:

Feiglinge sterben viele Male vor ihrem Tod.

Der Tapfere schmeckt nie nach dem Tod, sondern nur einmal.

Von all den Wundern, von denen ich bisher gehört habe,

scheint es mir höchst seltsam, dass Männer Angst haben sollten,

wenn sie diesen Tod sehen, ein notwendiges Ende,

es wird kommen, wenn es kommen wird.

Es war eine Passage, die Mandela oft wiederholte.

DIE GEFANGENEN PLANEN IHRE FLUCHT

Gab es jemals einen Gefangenen, der keine Fluchtträume hatte? Für die politischen Gefangenen auf Robben Island gab es im Laufe der Jahre viele Pläne und Überlegungen und einmal kam Mandela einem Versuch sehr nahe.

Es war Mac Maharajs Idee. Er war zu einem Zahnarzt auf dem Festland gegangen und hatte bemerkt, dass in der Praxis ein offenes Fenster war, mit einem kurzen Abhang zur Straße draußen. Der Plan war einfach: Mac und Mandela beantragten einen Besuch beim Zahnarzt und sprangen dort aus dem Fenster.

Die beiden Männer baten um einen Zahnarztbesuch. Der Tag kam und sie wurden von der Insel nach Kapstadt gebracht. In der Zahnarztpraxis wurden ihre Handschellen abgenommen und es sah so aus, als ob der Plan tatsächlich funktionieren könnte. Aber als Mac und Mandela aus dem Fenster schauten, war die Straße verdächtig verlassen. War es eine Falle? Hatte die Polizei Wind von ihrem Plan bekommen? Vielleicht würden sie die Gelegenheit nutzen, um Mandela auf seiner Flucht zu erschießen und sich so von diesem lästigen Mann zu befreien.

Der Plan wurde aufgegeben. Sie gingen zurück zur Insel, ihre Zähne waren vermutlich in gutem Zustand. Wir werden nie wissen, ob ihnen die Flucht gelungen wäre und wie anders sich die Geschichte Südafrikas entwickelt hätte.

MANDELA ALS VERHANDLUNGSFÜHRER

IN EIN ANDERES GEFÄNGNIS

An einem April-Tag im Jahr 1982 kam eine Delegation von Gefängnisbeamten in Nelson Mandelas Zelle und sagte ihm, er solle seine Sachen packen. Er wurde versetzt. Nach 18 Jahren, die er auf der Insel verbracht hatte, verließ Mandela sie nun, nach wohin auch immer. Walter Sisulu, Raymond Mhlaba und Andrew Mlangeni erhielten dieselbe Anweisung ohne weitere Informationen dazu.

Es dauerte gerade einmal eine halbe Stunde, um ihre mageren Besitztümer von fast zwei Jahrzehnten in ein paar Kisten zu packen, und das, ohne dabei die Gelegenheit zu haben, sich von ihren Freunden und Kameraden zu verabschieden, und bald waren sie auf der Fähre nach Kapstadt. Mandela beschrieb in seiner Autobiographie, wie verwirrend es war, nach so langer Zeit zu gehen. Die Insel war kein zu Hause, aber sie war bekannt und in gewissem Sinne bequem. Und er hatte keine Ahnung, wohin er als nächstes gehen sollte.

Als sie das Festland erreichten, wurden die Männer in einen fensterlosen Lastwagen verfrachtet, der eine Stunde lang durch Vororte und Weinberge fuhr und sie schließlich im

Dunkeln vor den beeindruckenden Toren einer Sicherheitseinrichtung aussteigen ließ. Sie waren im Pollsmoor Gefängnis angekommen.

Sie mussten über die Gründe spekulieren, warum sie da waren. Warum waren sie umgezogen? Welche Behörden waren dafür verantwortlich? Haben sie versucht, ihren Einfluss auf die jüngeren politischen Gefangenen zu reduzieren? War es eine Art der Geste, um die mächtige Symbolik von Robben Island im Kampf zu verringern?

Die vier Männer erhielten ein geräumiges Zimmer in der obersten Etage mit richtigen Betten und Bettwäsche, Duschen und Toiletten. Es gab eine kleine Terrasse und einen Außenbereich, auf dem sie tagsüber herumlaufen und den blauen Himmel sehen und einen Blick auf die Constantiaberge werfen konnten. Die Bedingungen waren in vielerlei Hinsicht besser, als sie es gewohnt waren. Sie bekamen Fleisch und Gemüse anstelle von Brei, und erhielten *The Guardian* und das *Time Magazine.* Sie hatten ein Radio und es gab einen Fernseher und Videos (neu für sie - Fernsehen wurde 1976 eingeführt und Video war relativ neu).

Mandela bemühte sich, sich anzupassen. Das Gefängnis bestand aus dunklen Korridoren und klirrenden Zellen und Beton - keine Aussicht, kein Gras - und die Zellen waren feucht und kalt. Obwohl sie jetzt auf dem Festland waren, waren sie in gewisser Weise isolierter als sie es auf dieser windgepeitschten Insel 12 Kilometer weiter draußen auf See gewesen waren. Sie waren die einzigen politischen Gefangenen in der Einrichtung (Ahmed Kathrada kam einige Monate später an) und wurden von den gewöhnlichen Gefangenen getrennt verwahrt. Auf Robben Island gab es niemanden aus den Kameradschaften und sie versäumten die Debatten und Diskussionen.

Die Beschränkungen für Briefe und Besuche lockerten sich und Mandela konnte weitgehend korrespondieren - mit Geistlichen, alten Freunden, Familienmitgliedern, möglichen Verbündeten und einflussreichen Mitgliedern verschiedener Wahlkreise. Trotzdem war es enorm frustrierend, von den dramatischen Ereignissen der Welt anfangs der 1980er Jahre abgeschnitten zu sein. Das Dreikammerparlament von PW Botha wurde entworfen, um indische und farbige Südafrikaner zu kooptieren. Der Beginn der Vereinigten Demokratischen Front (UDF). Der wachsende Geist der Missachtung. Die Eskalation der Gewalt.

Pollsmoor bot Mandela jedoch eine Ablenkung, die ihm viel Freude bereitete - einen Garten. Er erhielt die Erlaubnis, Gemüse anzupflanzen, wie er es auf Robben Island getan hatte, aber in einem viel größeren Maßstab. In 16 Ölfässern, jedes zur Hälfte durchgesägt und mit gutem Boden befüllt, baute er Karotten, Brokkoli und anderes Gemüse an - 900 Pflanzen an einer Stelle. In einem Strohhut und Handschuhen verbrachte er Stunden am Tag damit, in seinem Garten zu arbeiten und produzierte eine große Fülle, die mit den Wärtern geteilt wurde.

Jeden Sonntag versorgte er die Gefängnisküche mit Gemüse, um eine besondere Mahlzeit für die gewöhnlichen Gefangenen herzustellen. Mandela beschrieb sich oft als einen, der im Herzen noch ein Landjunge ist, mit der Liebe eines Landjungen zur Natur, zur Erde und zu ihren Pflanzen - auch wenn diese Pflanzen sich auf dem Dach eines Gefängnisses befanden, in einem halben Ölfass.

DIE MACHT DER BERÜHRUNG

Stellen Sie sich die Trostlosigkeit vor, für Jahrzehnte keine liebevolle menschliche Berührung zu erfahren. Keinen Gute-Nacht-Kuss. Kein Streichen über die Finger. Keine herzliche Umarmung. Dies ist natürlich das Leben eines Langzeitinhaftierten.

Als Nelson Mandela bereits seit zwei Jahren in Pollsmoor gewesen war, wurde er anstatt zum normalen Besucherbereich für die geplanten Familienbesuche in ein kleines Zimmer gebracht, in dem sich nur ein Tisch befand. Warrant Officer James Gregory kehrte mit Winnie, ihrer Tochter Zeni und Zenis jüngster Tochter zurück.

Mandela schrieb in seiner Autobiografie eindringlich über diesen Moment:

„Bevor einer von uns es wusste, waren wir im selben Raum und in den Armen des anderen. Ich küsste und hielt meine Frau zum ersten Mal in all diesen vielen Jahren. Es war ein Moment, von dem ich ungefähr tausend Mal geträumt hatte. Es war, als ob ich noch immer träumen würde. Ich hielt sie und es kam mir wie eine gefühlte Ewigkeit vor. Wir waren still und leise, bis auf den Klang unserer Herzen. Ich wollte sie überhaupt nicht loslassen,

aber ich brach ab und umarmte meine Tochter und nahm dann ihr Kind auf meinen Schoß. Es waren bereits einundzwanzig Jahre vergangen, seit ich die Hand meiner Frau das letzte Mal berührte."

KEKSE ZU WEIHNACHTEN

Es ist bekannt, dass Nelson Mandelas persönliche Wärme ziemlich unwiderstehlich war.

1988 wurde bei ihm Tuberkulose diagnostiziert, eine möglicherweise verheerende Lungenerkrankung, die ohne Zweifel durch die feuchten Haftbedingungen noch verschlimmert wurde, in denen er jahrzehntelang gelebt hatte. Mandela verbrachte drei Monate in seiner eigenen Station in einer Privatklinik (das staatliche Krankenhaus galt als zu riskant - da wäre es beinahe unmöglich gewesen, seine Anwesenheit vorborgen zu halten).

Er war der erste schwarze Patient, den das private Krankenhaus jemals behandelte. Und wahrscheinlich der Bekannteste. Er hatte die Krankenschwestern von Anfang an verzaubert, und sie übertrumpften sich selbst, um ihm

Leckereien bringen zu dürfen. Hier war es, als er das erst Mal Pizza probiert hat.

Die Krankenschwestern wollten ihn zu ihrer Weihnachtsfeier mitnehmen, aber die Vorschriften konnten nicht so weit ausgedehnt werden. Unbeeindruckt davon hatten sie ihre eigene kleine Feier auf seiner Station und brachten ihm Truthahn mit allem Drum und Dran mit.

Und was ist eine Weihnachtsfeier ohne Weihnachtskekse? Auch die hatten sie. Aber das hat die Grenzen überschritten. Die für Mandelas Sicherheit verantwortlichen Wärter öffneten jeden einzelnen Keks, kontrollierten ihn und legten ihn zusammengesetzt zurück, bevor der Ehrengast und seine Gefährten die Kekse herausnehmen konnten.

BEINAHE FREI

Bereits 1985 hatte Mandela eine Chance auf Freiheit. Die nationalistische Regierung war bestrebt, Schlagzeilen zu machen, Mandela aus dem Gefängnis zu holen - aber zu ihren eigenen Bedingungen. Sie würden Mandela und andere politische Gefangene frei lassen, die „bedingungslos Gewalt als politisches Instrument ablehnten". Es war nicht das erste Mal, dass dieses Angebot gemacht wurde, aber mit der Gewalt im Land, der Verhängung des ersten von zwei Ausnahmezuständen und dem Druck aus dem Ausland gab es einen neuen Eifer seitens der Regierung.

Präsident PW Botha erklärte im Parlament, dass er alle politischen Gefangenen unter dieser Bedingung freilassen würde. Er behauptete, unaufrichtig: „Es ist daher nicht die südafrikanische Regierung, die der Freiheit von Herrn Mandela im Wege steht. Er ist es selbst."

Immerhin muss es für die Gefangenen nach all diesen Jahren herzzerreißend gewesen sein, in Sichtweite der Freiheit zu sein. Wir können uns die Versuchung, auf dieser Grundlage zu verhandeln, nur vorstellen. Oder auf irgendeiner Grundlage. Aber Mandela - und seine Kameraden auf Robben Island - waren entschlossen. Er lehnte diese bedingte Freiheit ab.

Bei einer UDF-Kundgebung im Jabulani-Stadion von Soweto lieferte seine Tochter Zindzi die Worte, die ihr Vater geschrieben hatte, die ersten Worte von ihm, die das Volk seit 20 Jahren legal gehört hatte. Er bekräftigte sein

Engagement für den ANC und seine Bereitschaft, zu kämpfen und forderte Botha auf, auf Gewalt zu verzichten. Den ANC aufzuheben. Politische Gefangene zu befreien.

Es ist eine wunderbare Rede, bewegend und entschlossen, die mit diesen Worten endete: „Nur freie Männer können verhandeln. Gefangene können keine Verträge abschließen… Ich kann und will kein Versprechen abgeben zu einer Zeit, in der ich und du, das Volk, nicht frei sind. Deine und meine Freiheit können nicht getrennt werden. Ich komme wieder."

Die Menge war begeistert. Botha war jedoch wütend. Er hatte seine Ankündigung im Parlament und im nationalen Radio gemacht, und dabei weigerten sich diese emporsteigenden Gefangenen, zusammenzuarbeiten. Er ging ins Fernsehen, um zu sagen, dass er sich niemals Mandela ergeben werde.

Denis Goldberg, der einzige weiße Rivonia-Prozessbeteiligte im Gefängnis, nahm das bedingte Freigabeangebot an. Er war 22 Jahre lang im Zentralgefängnis von Pretoria in Isolation festgehalten worden. Genau dieses Apartheidsystem, gegen das er kämpfte und weswegen er inhaftiert war, war dafür verantwortlich, dass er getrennt von seinen schwarzen Kameraden festgehalten wurde.

Mandela verstand Goldbergs Position. Er behauptete, dass es schrecklich sei, von seinen Freunden getrennt zu sein, dass Goldberg in seiner Einsamkeit furchtbar gelitten hatte und dass es Zeit für ihn war, zu seiner Familie zu gehen.

BEREIT, UM ÜBER VERHANDLUNGEN ZU SPRECHEN?

Aus heiterem Himmel wurde Mandela darüber informiert, dass er nicht länger mit Sisulu, Mlangeni, Mhlaba und Kathrada im Pollsmoor-„Penthouse" leben würde. Stattdessen zog er in eine neue Zelle im Erdgeschoss mit drei Räumen und einer separaten Toilette. Die Einrichtung war besser - wenn auch feucht und freudlos - aber er vermisste seine Kollegen und seinen Garten. Und außerdem konnte er nicht herausfinden, was der Staat vorhatte. Warum war er von den anderen getrennt? Warum die neue Unterkunft?

Natürlich gab es keine Antworten von den Behörden, aber, was auch immer sie dazu bewogen hat, beschloss er, seine neu gefundene Abgeschiedenheit einzusetzen, um etwas Gutes daraus zu machen. Seit geraumer Zeit hatte er den Dialog mit der Regierung in Erwägung gezogen. Vielleicht konnte er in seiner Ungestörtheit und Isolation einen Weg finden, einen Schritt in diese Richtung zu machen. Es war eine heikle Situation.

Beide Seiten betrachteten Diskussionen mit dem anderen als Schwäche, als Verrat. Die Regierung behielt ihre Position bei, nicht mit Terroristen und Kommunisten zu sprechen. Und der ANC würde nicht mit der rassistischen, repressiven Regierung sprechen, bis sie den ANC wieder erlaubte, politische Gefangene freigelassen und die Truppen aus den Townships abgezogen hatte.

Mandela glaubte jedoch, dass, so schwierig und sensibel die Situation auch sei, der Dialog der beste - vielleicht der einzige - Weg war, den Kampf für Demokratie voranzutreiben. Ohne ihn schien die Zukunft nur anhaltende Gewalt zu beinhalten, Blutvergießen und Unterdrückung.

Erschwerend kam hinzu, dass ein Schritt in diese Richtung von Rechts wegen von der ANC-

Führung in Lusaka hätte gemacht werden müssen. Aber natürlich war es Mandela nicht möglich, seine Pläne und Ideen mit Oliver Tambo zu besprechen. Er entschied, dass dies eine jener Zeiten war, in welchen ein Führer die Führung in eine neue Richtung lenken muss. Nelson Mandela war dabei, in Richtung Verhandlungen mit der nationalistischen Regierung einzutreten.

ALLES GUTE ZUM GEBURSTAG ...

Als Nelson Mandela 1988 70 Jahre alt wurde, richteten die Briten für ihn eine großartige Geburtstagsfeier aus. Mehr als 74.000 Gratulanten fasste das Londoner Wembley-Stadion, während 83 Top-Stars aus der Pop- und Rockwelt auftraten. Die Party ging noch 12 Stunden weiter, aber der Jubilar selbst war natürlich immer noch im Pollsmoor Gefängnis inhaftiert.

Der Produzent und Impresario Tony Hollingsworth entwickelte zuerst die Idee eines Mandela-Tribut-Events, nachdem er mit Jerry Dammers von The Specials gesprochen hatte. Dammers hatte die Single "Free Nelson Mandela" 1884 geschrieben und war Gründer von *Künstler gegen die Apartheid*.

Im Jahr 1987 traf Hollingsworth Erzbischof Trevor Huddleston, den Präsidenten von Großbritanniens Anti-Apartheid-Bewegung. In einem Schreiben in The Daily Telegraph sagte er, er habe versucht, die Botschaft des ANC neu zu formulieren:

„Meiner Ansicht nach konnte die Art und Weise, wie sie der Öffentlichkeit präsentiert wurden – als Demonstranten auf der Straße - nur einen kleinen Prozentsatz der Weltbevölkerung ansprechen. Wenn sie breiter aufgestellt wären, könnten wir sie als positiv und selbstbewusst hinstellen. Ich dachte, ihr Hauptkommunikationsproblem war, dass so viele TV- und Radio-Nachrichtenorganisationen in der Welt immer noch auf Nelson Mandela Bezug nahmen... als einen "Black Terrorist Leader", und während ein "Schwarzer Führer" aus dem Gefängnis entlassen werden konnte, konnte es ein "Black Terrorist Leader" nicht. Und er hatte einen Vorschlag - ein Tributkonzert.

Hollingsworths Strategie war klar und ehrgeizig: aufrufen für Mandelas Freilassung, die er als ersten Schritt zum Ende der Apartheid ansah, und den Tribut nicht nur in Form eines Konzerts zu erzeugen, sondern als globales Rundfunkereignis. Schon bevor die Anti-Apartheid Bewegung aufkam setzte er zum

Sprung an und buchte das Wembley-Stadion für den 11. Juni 1988, einen Monat vor Mandelas 70. Geburtstag.

Dann machte sich Hollingsworth daran, die größten Namen aus der Musikszene für sein Konzert zu bekommen, angefangen mit Dire Straits, auf dem Höhepunkt ihrer Popularität, und eine Band, bei der er es für wahrscheinlich hielt, dass sie die globalen Sender anlockte. Es war keine leichte Aufgabe. Niemand sagte nein, genau, aber jeder wartete ab, um zu sehen, wer sich sonst noch verpflichten würde, bevor sie es taten...

Und wenn einer oder zwei es taten, folgten alle anderen. Alle Großen waren da: Dire Straits, Simple Minds, George Michael, Whitney Houston, UB40, Aswad, Natalie Cole, Sly und Robbie, Youssou N'Dour, Phil Collins, die Bee Gees, Sting, Tracy Chapman, Stevie Wonder, Eurythmics, Miriam Makeba und Hugh Masekela und viele mehr – alles in allem 83 Acts. Peter Gabriel sang seine berühmte Hymne, "Biko".

Es war einer der Tage, den keiner der Darsteller - oder das Publikum - jemals vergessen würde. Und in Wohnzimmern auf der ganzen Welt bekamen 600 Millionen Menschen eine Kostprobe von der Stimmung und ein kleines bisschen von der Mandela Magie. Das Fernsehpublikum war zu der Zeit das größte, das jemals bei einer Unterhaltungsveranstaltung zuschaute.

Es war nicht alles Frieden, Liebe und Verständnis. Sowohl die Anti-Apartheid-Bewegung als auch Hollingsworth erhielten Bombendrohungen. Fox Television schnitt einige der politischeren Momente heraus. Aber das Nelson Mandela Geburtstags-Tribut-Konzert war ein großer Erfolg, das weltweit ein Bewusstsein rund um seine Inhaftierung ausgelöst hat.

Es wäre nicht zu übertrieben zu behaupten, dass diese Londoner Geburtstagsfeier eine wichtige Rolle gespielt hat, um auf das Apartheid-Regime Druck auszuüben, schneller in Richtung Mandelas Freilassung voranzukommen.

LETZTER SCHRITT AUF DEM WEG IN DIE FREIHEIT

Der Schritt in Richtung Freiheit ging weiter. Mandela war wieder einmal ohne Vorankündigung oder Erklärung zu einem neuen Aufenthaltsort gebracht worden. Der Leiter des

Pollsmoor-Gefängnisses traf eines Abends im Krankenhaus ein, in dem Mandela wegen Tuberkulose behandelt wurde, und sagte ihm, er solle sich bereit machen, zu gehen. Er sollte seine neue Zivilkleidung anziehen und seinen Morgenmantel und Slip ablegen, zusammen mit Wächter Christo Brand (der ebenfalls in Bezug auf ihr Ziel im Dunkeln war).

Brand folgte einem rasenden, nicht gekennzeichneten Polizeiauto durch die Nacht. Wurde Mandela freigelassen? Sie waren nicht auf dem Weg nach Pollsmoor. Wohin fuhren sie nur?

Eine Stunde später erreichten sie das Victor Verster Gefängnis im hübsches Weinbauland in der Nähe von Paarl. Hier war Mandela einem einfachen, einstöckigen Häuschen mit drei Schlafzimmern, einem Pool und einem Baumgarten zugewiesen. Und natürlich gab es eine hohe Mauer mit Stacheldraht darauf.

Es war Dezember 1988, und dies sollte seine letzte Station sein auf dem Weg in die Freiheit, eine Art Zwischenstation zwischen dem Gefängnis und der realen Welt. Er war nicht mehr an die Regeln und Zeitpläne der Inhaftierung gebunden - er konnte essen und schlafen und schwimmen und laufen, wie es ihm gefiel. Diese persönliche Freiheit war ein schönes Gefühl nach all den Jahren seiner Zeit- und Bewegungskontrollen - aber dennoch, er war im Gefängnis.

Für interne Zwecke hatte er einen Wärter, der zum Koch wurde, Warrant Officer Swart, der auf Robben Island gewesen war. Swart würde Mandelas Mahlzeiten zubereiten, die der Gefangene in der Mikrowelle aufwärmen konnte. Dieses Gerät war natürlich völlig neu für Mandela, das in der Zeit seiner Inhaftierung eingeführt wurde, und war eine Quelle von einiger Faszination.

Swart war verwirrt, als Mandela darauf bestand, nach dem Essen den Abwasch zu machen. Der Gefangene fand es nur fair; immerhin hatte Swart gekocht. Auch akzeptierte er nicht, dass Mandela jeden Morgen sein eigenes Bett machte.

Swart leistete einen weiteren Beitrag, den die Besucher zu schätzen wussten. Mandela war kein Trinker und würde nur gelegentlich ein Schlückchen süßen Wein zu sich nehmen. Swart kaufte den Wein, den Mandela bevorzugte, wollte ihn aber nicht den Besuchern servieren. Als George Bizos vorbeikam, schlug Swart den Kauf von zwei Flaschen Wein vor - den süßen Wein, den Mandela mochte, den aber Swart als "billiges

Zeug und nicht genießbar" ansah, und einen anständigen trockenen Weißwein. Mandela war sich sicher, dass Bizos weder den Unterschied kennen, noch es ihn kümmern würde. Es stellte sich heraus, dass er falsch lag - Bizos wählte den Trockenen!

In seiner Autobiographie erinnerte sich Mandela liebevoll an seinen 71. Geburtstag. Seine Frau, Kinder und Enkelkinder – fast die ganze Familie - versammelte sich in seinem Häuschen, um zu feiern. Es war das erste Mal, dass er mit ihnen allen zusammen gewesen war. Es war eine wunderbare Gelegenheit, geschickt eingefädelt von Swart, und Mandela beschrieb sowohl das "tiefe, tiefe Vergnügen", das er fühlte, als auch den Schmerz, zu wissen, wie viel er so lange vermisst hatte.

FREIHEIT FÜR EINIGE

Im September 1989 wurde FW de Klerk als Präsident vereidigt und machte bekannt, dass er bereit war, über Frieden zu sprechen. Mandela erneuerte sein eigenes Gesprächsangebot.

Und dann kam eine plötzliche und unerwartete Ankündigung - Ahmed Kathrada, Raymond Mhlaba, Andrew Mlangeni und Walter Sisulu sollten freigelassen werden. In seinem Buch beschrieb Wärter Christo Brand die Euphorie und Jubelstimmung im Gefängnis und kommentierte: „Sogar einige meiner Hardline-Kollegen sahen glücklich und erleichtert aus in Anbetracht dieser Oldtimer, die so plötzlich freigelassen worden waren.

Am 15. Oktober 1989 wurden sie offiziell in Johannesburg freigelassen. Mandela freute sich für seine Freunde. De Klerk wollte die Anforderungen des ANC erfüllen; er ließ die Männer bedingungslos und ohne Verbote frei. Er hatte auch damit begonnen, einige der erniedrigenden und unmenschlichen Bausteine der Apartheid abzubauen, die Rassentrennung von Einrichtungen, ebenso von Parks, Bussen, Bibliotheken und Stränden.

Mandelas engste Kameraden und seine jahrzehntelangen Gefährten waren schließlich aus dem Gefängnis entlassen worden, aber sie waren noch weit von der wirklichen Freiheit entfernt. Der ANC war zum Beispiel immer noch verboten. Und die Nationale Partei war immer noch mit der Idee verbunden, „Gruppenrechte“ zu schützen, was vielen so schien, als würde sie einfach versuchen, die weiße Herrschaft zu bewahren. Es war jedoch klar, dass De Klerk bereit war, zuzuhören, zu verstehen, zu überlegen und zu verhandeln, was an sich eine echte Abkehr von seinen Vorgängern war.

Mandela war weiterhin davon überzeugt, dass echte Verhandlungen erst beginnen konnten, wenn der ANC und andere Organisationen nicht verboten und politische Gefangene freigelassen wurden. Als er sich mit De Klerk traf, bekräftigte er seine Position - dass er seiner Freilassung erst zustimmen würde, wenn der ANC nicht verboten wurde. Wenn sich die Bedingungen in der Außenwelt nicht geändert hätten - der Ausnahmezustand, der ANC verboten, politische Gefangene im Gefängnis - würde er für eine verbotene Organisation arbeiten und die gleichen Dinge tun, für die er ins Gefängnis ging. "Sie müssen mich einfach wieder festnehmen, nachdem ich durch diese Tore gegangen bin", sagte er. Bis dahin sollte er in Victor Verster bleiben.

ZU GUTER LETZT! ANC WIEDER ERLAUBT, MANDELA WIEDER AUF FREIEM FUSS

Mit dem Ende der 1980er Jahre und dem Beginn des neuen Jahrzehnts begannen sich die Dinge schnell zu bewegen. Selbst für die Nationale Partei wurde immer deutlicher, dass die Situation unhaltbar war. Aufeinanderfolgende Ausnahmezustände hatten es nicht geschafft, die Unruhen im Inland zu unterdrücken, und international war das Land zunehmend wirtschaftlich isoliert – sowohl durch Sanktionen als auch kulturell. Der Druck nahm zu.

Am 2. Februar 1990 kündigte De Klerk im Parlament an, dass der ANC, der PAC, der SACP und über 30 andere Fraktionen nicht mehr verboten werden sollten. Politische Gefangene sollten freigelassen werden. Der Ausnahmezustand wurde aufgehoben. Die Todesstrafe wurde ausgesetzt. Und Nelson Mandela sollte freigelassen werden. Es war eine wirklich bedeutsame Ankündigung. De Klerk bereitete sich endlich darauf vor, Jahrzehnte der Herrschaft der weißen Minderheit zu beenden und sich in Richtung Demokratie zu bewegen.

Erzbischof Desmond Tutu sagte damals: "Er hat mir den Atem geraubt."

Einige Tage nach der Ankündigung im Parlament, dass der ANC nicht verboten sei und politische Gefangene freigelassen werden sollten, wurde Mandela zu einem Treffen nach Tuynhuys eingeladen. Dort teilte ihm De Klerk mit, dass er am nächsten Tag freigelassen werden sollte. Obwohl viel darüber spekuliert worden war, dass seine Freilassung unmittelbar bevorsteht, war dies dennoch eine Überraschung.

Mandela, der 27 Jahre auf diesen Moment gewartet hatte, antwortete - zu De Klerks Erstaunen - dass er noch zehn Tage bei Victor Verster verbringen wolle, damit der ANC und die Familie Mandela Zeit hätten, sich auf seine Freilassung vorzubereiten.

Aber De Klerk hatte bereits Pläne gemacht - Mandela würde nach Johannesburg geflogen und zu den Union Buildings in Pretoria eskortiert. Dort, auf dem Balkon, würde er von De Klerk dem Land vorgestellt.

De Klerk hatte vielleicht seinen Plan, aber Mandela hatte seinen eigenen. Er würde nicht nach Johannesburg fliegen. Ihm würde nicht gesagt werden, wie und wann er das Gefängnis verlassen könnte.

Mandela schrieb in seiner Autobiografie: „Ich wollte aus den Toren von Victor Verster gehen und mich bei denen bedanken, die sich um mich gekümmert haben und die Menschen in Kapstadt grüßen. Obwohl ich aus Johannesburg stammte, war Kapstadt fast 30 Jahre lang mein Zuhause. Ich würde nach Johannesburg zurückkehren, aber wann ich wollte, nicht wenn die Regierung es wollte."

Er sagte zu De Klerk: „Sobald ich frei bin, werde ich auf mich selbst aufpassen."

Allem Anschein nach war der Präsident wütend über diesen unerwarteten Standpunkt des Gefangenen. Es wurde eine Art Kompromiss erzielt. Mandela gab auf die Verzögerung von zehn Tagen nach - De Klerk hatte der ausländischen Presse bereits mitgeteilt, dass die Freilassung am nächsten Tag stattfinden würde - aber er würde Victor Verster als freier Mann verlassen.

MANDELA WIRD FREIGELASSEN

SEIN ERSTER SCHRITT IN DIE FREIHEIT

Sie sagen, dass Amerikaner eines bestimmten Alters sich daran erinnern, wo sie waren, als sie Neil Armstrong auf dem Mond spazieren gehen sahen. Sehr viele Südafrikaner - diese Schriftstellerin eingeschlossen - erinnern sich an Nelson Mandelas Freilassung. Aber zuerst das lange Warten vor dem Fernseher. Wo war er? Warum war er zu spät? Was war geschehen?

Und dann war er da, groß und stattlich und grauhaarig, und kam Hand in Hand mit Winnie durch die Tore des Victor Verster Gefängnisses. Die erste öffentliche Sichtung von ihm seit fast drei Jahrzehnten. Am 11. Februar 1990 um 16.22 Uhr war Nelson Mandela nach 27 Jahren Haft endlich frei.

„Lang lebe…“, rief die Menge. „Lang lebe…“

Wir wissen jetzt, dass der Tag chaotisch arbeitsreich und hektisch war. Winnie und Walter und andere Kollegen kommen mit einem Charterflug von Johannesburg an. Leute kommen und gehen. Endlose Telefonate. Mandelas Habseligkeiten werden in Kisten gepackt. Die Abschiedsbesuche von Wärtern und eine feierliche Atmosphäre. Es passierte tatsächlich.

Das ruhige Zentrum dieses Chaos war Nelson Mandela selbst, der leise seine Rede schrieb und sich gelegentlich mit Kollegen beriet - Trevor Manuel, Valli Moosa und Cyril Ramaphosa waren da - und sich darauf vorbereitete, endlich seine Landsleute anzusprechen.

Und dann war es soweit.

Mandelas erste Momente der Freiheit waren ein Vorgeschmack auf das, was kommen würde. Er verließ das Gefängnis und erwartete, von den Wärtern und ihren Familien begrüßt zu werden, um sich zu verabschieden. Er hatte seinen Empfang ernsthaft unterschätzt. Ein wildes metallisches Klicken begrüßte ihn, bevor er überhaupt das Tor erreichte. Es war der Klang der Kameras, die von einem riesigen internationalen Pressekorps eingesetzt wurden, das diesen historischen Moment unbedingt festhalten wollte.

Und wir alle kennen dieses Bild. Nelson und Winnie hielten sich an den Händen, lächelten breit und begrüßten die Menge mit ihrer freien Hand hoch gestreckt zur Faust.

EIN HELD WENDET SICH AN DIE NATION

Nachdem Mandelas Fahrer durch die Menge vor dem Victor Verster Gefängnis manövriert hatte, fand er bald die Straßen, die von den Menschenmengen blockiert waren und zum Rathaus von Kapstadt führten. Schätzungsweise eine Viertelmillion Menschen hatten sich seit diesem Morgen auf der Grand Parade versammelt, und die Straßen waren fast unmöglich zu befahren.

Sie konnten die Grand Parade nicht erreichen. Die Menge hüllte das Auto ein und die Leute hämmerten aufgeregt auf das Dach. Im Pandemonium gab Mandela dem panischen Fahrer Anweisungen zu Dullah Omars Haus zu fahren und überraschte die Familie Omar sehr, indem er auf ein kaltes Getränk und ein paar Minuten Frieden und Ruhe vorbeischaute. Das Haustelefon klingelte und es war ein aufgeregter Erzbischof Tutu in der Leitung, der ihnen sagte, sie sollten zur Großen Parade gehen, wo die Leute unruhig wurden. „Wenn Sie nicht sofort zurückkehren, kann ich nicht dafür bürgen, was passieren wird. Ich denke, es könnte einen Aufstand geben!"

In der Tat wurden einige der Leute, die den ganzen Tag gewartet hatten, unruhig. Es wurden vereinzelte Plünderungsfälle gemeldet. Die Polizei gab Schüsse ab. Niemand wusste wirklich, was los war. Journalisten, die auf Mandela warteten, berichteten, dass sie sich auf Aktualisierungen von Personen verlassen hatten, die in den nahe gelegenen Gebäuden fernsahen.

Mandelas Konvoi erreichte schließlich die Grand Parade. Um 20 Uhr erschien er auf dem Balkon des Rathauses, um das Meer der Menschen anzusprechen, die sich unten versammelt hatten und deren Fahnen und Banner hochgehalten wurden. Der bloße Anblick von ihm ließ sie brüllen und jubeln.

"Amandla", rief er.

"Ngawethu", antworteten sie.

"IAfrika".

"Mayibuye".

Er wartete, und als sich die Menge endlich beruhigte, nahm er seine Rede heraus und griff in seine Tasche nach seiner Brille. Nur um herauszufinden, dass er sie bei Victor Verster zurückgelassen hatte. Mit Winnies Brille begann er mit dieser unverwechselbaren Stimme zu lesen, die uns heute so vertraut ist, die aber die versammelten Massen - und viele Millionen Fernsehzuschauer weltweit - zum ersten Mal hörten: „Genossen und südafrikanische Landsleute, ich grüße Euch alle im Namen von Frieden, Demokratie und Freiheit für alle. Ich stehe hier nicht als Prophet vor Euch, sondern als demütiger Diener des Volkes. Eure unermüdlichen und heldenhaften Opfer haben es mir ermöglicht, heute hier zu sein. Ich lege daher die verbleibenden Jahre meines Lebens in Eure Hände."

Er bedankte sich bei den Menschen in Südafrika und auf der ganzen Welt, die sich für seine Freilassung eingesetzt hatten, sowie bei seiner Frau und seiner Familie, deren Schmerz und Leiden, wie er sagte, weit größer als sein eigenes war. Er bekräftigte seine Loyalität gegenüber dem ANC und dem bewaffneten Kampf. Er äußerte die Hoffnung, dass bald eine Verhandlungslösung erreicht werden könne und der bewaffnete Kampf nicht mehr benötigt werde.

Der Kampf war noch nicht vorbei. Er begann in einer neuen Form. Er forderte die Menge auf, den Kampf zu intensivieren und „wir würden die letzte Meile zusammen gehen". Und er hinterließ ihnen diese Anweisung: „Ich hoffe, Ihr werdet

Euch mit Disziplin auflösen. Und kein einziger von Euch sollte etwas tun, das andere Menschen dazu bringt, zu sagen, dass wir unsere eigenen Leute nicht kontrollieren können."

Valli Moosa, der Teil des Nelson Mandela Willkommens-Kommittees und dann Teil des internen Führungskreis des ANC gewesen war, arbeitete in den Tagen vor seiner Freilassung eng mit Mandela zusammen. Er erinnerte sich an Mandelas Gedanken über die Rede: „Er sagte, sie hätten ihn ins Gefängnis gesteckt und jetzt lassen sie ihn frei, aber er möchte nicht, dass die Menschen den Eindruck bekommen, dass die Jahre im Gefängnis seine Überzeugungen verändert haben." Er war sich sehr klar darüber, dass er keine Anzeichen dafür zeigen würde, ein „reformierter“ Mann zu sein. Er würde genau das sagen, was er am Tag vor seiner Haftstrafe gesagt hätte. Der bewaffnete Kampf ging weiter, die Voraussetzungen, die ihn notwendig machten, hatten sich nicht geändert.“

FREUNDE FINDEN UND UNTERSTÜTZUNG GEWINNEN

Von den ersten Tagen der Freiheit an zeigte Nelson Mandela sowohl einen bemerkenswerten Mangel an Bitterkeit bezüglich seiner Inhaftierung als auch eine bemerkenswerte Fähigkeit, einen Raum zu bearbeiten. Er bezauberte, überredete und kooptierte alle möglichen Menschen für seine Sache. Und oft verließ er den Raum mit einem Scheck.

Mandela berief am Tag nach seiner Entlassung aus dem Gefängnis eine Pressekonferenz ein. Er sah gesund, entspannt und fröhlich aus. Er begrüßte die südafrikanischen Journalisten, deren Namen er aus ihren Zeilen kannte, und dankte der Presse dafür, dass sie die Geschichten der inhaftierten Führer am Leben erhalten hatten. Er fuhr fort, seinen Mangel an Bitterkeit auszudrücken. Der britische Journalist John Carlin, der dort war, beschrieb es als "eine Übung der Verführung von Anfang bis Ende".

Carlin schrieb: „Er würde jetzt offen das Kommando übernehmen, damit alle es sehen können. Seine erste Pressekonferenz als freier Mann war ohne Zweifel eine Tour de Force, eine

Meisterklasse für politische Überzeugung." Die Pressekonferenz endete mit einem außergewöhnlichen Zeichen, wie sie Carlin in jahrzehntelanger Berichterstattung über Politiker nicht gesehen hatte - 200 internationale Journalisten brachen in "spontanen, herzlichen Applaus" aus.

Der frühere britische Botschafter Robin Renwick erinnert sich, dass er den frisch entlassenen Mandela zu Linger Longer gebracht hat, einem der nobelsten Restaurants in Johannesburg. Es war ein Ort, der reiche Geschäftsleute anzog, und Renwick war ein wenig besorgt über seine Wahl des Veranstaltungsortes. Unnötig, wie sich herausstellte. Mandela besichtigte den Raum, stellte sich seinen Mitessern vor, schüttelte sich die Hände und stürzte in die Küche, um das Personal zu begrüßen. „Es war eine bravouröse Vorstellung", schrieb Renwick.

WER BIST DU?

Nur ein oder zwei Wochen nach seiner Entlassung aus dem Gefängnis wurde Nelson Mandela sein erster südafrikanischer Pass ausgestellt. Es war jedoch nicht sein erster Pass. Mandela hatte zuvor einen äthiopischen Pass, der 1962 ausgestellt worden war und seinen Namen als David Motsamayi trug (den Namen, den er auf der Liliesleaf Farm verwendete, wo er sich unter dem Vorwand versteckte, ein Arbeiter zu sein).

In dem Jahr, als er im Untergrund war, verließ Mandela das Land ohne südafrikanische Reisedokumente über Lobatse im damaligen Bechuanaland (heute Botswana) und reiste in eine Reihe afrikanischer Länder, um politische und wirtschaftliche Unterstützung für das neu gegründete Umkhonto we Sizwe zu sammeln (MK).

Sein zweiter Pass war anscheinend auch nicht ganz mit richtigem Namen versehen - "Rolihlahla" wurde falsch als "Rolilahla" geschrieben.

Nichtsdestotrotz reiste er nach Lusaka, um das nationale Exekutivkomitee des ANC zu treffen. Innerhalb weniger Wochen nach seiner Freilassung machte sich Mandela auf den Weg, um internationale Unterstützung zu sammeln - beginnend in Afrika. Seine Reisen waren sehr strategisch. Valli Moosa erinnert uns daran, dass er viel Zeit hatte, darüber nachzudenken, was er sagen wollte, was er tun würde, wie er sich verhalten würde: „Seine erste Reise war nach Harare, nicht nach London. Als er in Tansania die MK-Lager besuchte, zog er seine MK-Uniform an. Er hatte viel über die Art der Führung nachgedacht, die erforderlich war, damit der ANC in den kommenden Jahren das tun konnte, was er tun musste, um eine Verhandlungslösung zu erreichen, die nicht nur im ANC allgemein unterstützt werden würde, sondern auch in der Gesellschaft.“

MANDELA UND TAMBO, WIEDER VEREINT

Nelson Mandela war aus dem Gefängnis entlassen worden, aber Südafrika war alles andere als frei. Er war auf einer Mission im Ausland, um sie davon zu überzeugen, den Druck auf die südafrikanische Regierung aufrechtzuerhalten, den politischen Wandel zu beschleunigen.

Das erste Land, das er außerhalb Afrikas besuchte, war Schweden. Das Land war ein langjähriger Verbündeter an der Spitze der weltweiten Unterstützung der Befreiung. Es war eine gute Gelegenheit für Mandela, dem schwedischen Volk zu danken, aber es gab noch einen anderen dringenden Grund für seinen Besuch - er würde den ANC-Präsidenten und seinen alten Freund und Rechtspartner Oliver Tambo sehen, der sich in Schweden von einem Schlaganfall erholte, der ihn teilweise gelähmt hatte.

Die beiden hatten sich zuletzt 1962 in Tansania gesehen. Sie hatten über geheime Kanäle kommuniziert, während Mandela inhaftiert war. Jetzt sollten sie sich auf einer Burg an einem See in der Nähe von Stockholm treffen, um sich gegenseitig zu informieren und die Zukunft ihrer jetzt legalen Organisation zu besprechen.

Valli Moosa erinnerte sich an die Wärme und Freude, mit der sich die beiden Männer begrüßten, an die Leichtigkeit, mit der sie nach 28 Jahren interagierten: „Sie waren beide starke und mächtige Figuren. Tambo war Präsident des ANC, des großen Führers der Revolution. Mandela war diese großartige globale Figur. Es hätte ein bisschen Spannung darüber geben können, wer verantwortlich war, aber so etwas gab es nicht. Es war wundervoll."

Mandela übernahm mühelos die Position des stellvertretenden Präsidenten des ANC. Moosa glaubt, dass die Reife der Beziehung eine Schlüsselrolle bei der Gewährleistung der Stabilität des nicht verbotenen ANC gespielt hat. „Die verschiedenen Ströme - MK, Exil, intern - hatten sehr unterschiedliche Kulturen, unterschiedliche Wege, Dinge zu tun. Die beiden Männer, Oliver Tambo und Nelson Mandela, haben eine große Rolle dabei gespielt, sie zusammenzuhalten."

Mandela, der mit Winnie, Moosa und einigen anderen reiste, wurde von einem Staatsmann begrüßt. Schwedische Regierungsbeamte und Anti-Apartheid-Aktivisten sowie südafrikanische Exilanten begrüßten sie herzlich und enthusiastisch. Bei einem großen öffentlichen Treffen dankte Mandela dem schwedischen Volk und wies darauf hin, dass die ideologische Sichtweise des ANC in vielerlei Hinsicht der von Schweden nahekommt. Beide teilten das Engagement für eine fortschrittliche, aufgeklärte Gesellschaft, für die Wahrung der Menschenrechte und der Demokratie und für das Streben nach Egalitarismus.

Später in diesem Jahr kehrte Oliver Tambo zu einem turbulenten Empfang nach Südafrika zurück. Nelson Mandela sagte der Menge, die den ANC-Präsidenten am Jan Smuts-Flughafen in Johannesburg begrüßt hatte: „Wir begrüßen ihn mit offenen Armen als einen der größten Helden Afrikas."

MANDELA, FRIEDENSSTIFTER

Mandela hatte wenig Zeit, um seine Freiheit zu genießen. Er ging aus dem Gefängnis in ein Land, das in Flammen stand. In Natal hatte eskalierende politische Gewalt die Provinz in ein Kriegsgebiet verwandelt.

Nur wenige Wochen nach seiner Freilassung reiste Mandela im Rahmen einer dringend benötigten Friedensinitiative nach Durban, um vor 100.000 Menschen zu sprechen: „Freunde, Kameraden und Menschen in Natal, ich grüße Euch alle. Ich tue dies im Namen des Friedens, des Friedens, der in dieser Region so unbedingt und dringend benötigt wird. . . Meine Botschaft an diejenigen von Euch, die an diesem Kampf von Bruder gegen Bruder beteiligt sind, lautet: Nehmt Eure Waffen, Eure Messer und Eure Pangas und werft sie ins Meer. Schließt die Todesfabriken. Beendet diesen Krieg jetzt!"

Es war ein kühner Schritt - und ein mutiger, vor einer aufgewühlten und militanten Menge.

Der Journalist Allister Sparks, der über die Kundgebung berichtete, beschrieb, wie ein wütendes Zischen durch die Menge ging und seine Anhänger dem Rest der Rede mürrisch zuhörten. Vielleicht gab es zum ersten Mal eine weniger positive Antwort von Mandelas Anhängern. Frieden in Natal konnte selbst Madiba nicht bringen. Stattdessen kam es in den nächsten vier Jahren vor den ersten demokratischen Wahlen 1994 zu einer deutlichen Eskalation der Gewalt. Es wird angenommen, dass in dieser Zeit etwa 14.000 Südafrikaner bei politisch motivierten Vorfällen ums Leben gekommen sind, wobei Natal ein besonderer Hotspot war.

BEFREIT MANDELA

(VON FRAU THATCHER!)

Im Juli 1990 traf Mandela zum ersten Mal die britische Premierministerin Margaret Thatcher in der Downing Street 10. Es war kein Treffen voller Harmonie. Die beiden Führer hatten, historisch gesehen, viele Bereiche von Uneinigkeit. Thatcher hatte sich gegen Sanktionen ausgesprochen und dem ANC wegen seines starken kommunistischen Anteils und der Rede von Verstaatlichung misstraut. Trotzdem hatte sie auf Mandelas Freilassung gedrängt und unterstützte die Verhandlungslösung in Südafrika.

Als das Treffen zum ersten Mal vorgeschlagen wurde, unterhielt sich Mandela mit Robin Renwick, dem damaligen britischen Botschafter in Südafrika, darüber, wie man die Eiserne Dame am besten für sich gewinnen kann. Renwick schlug ein Rollenspiel vor, mit sich selbst als Maggie und Mandela, nun, als sich selbst. Dieser appellierte an Mandelas Sinn für Humor und er begann damit `Thatcher` von seinem Kampf für die Menschenrechte zu erzählen. Renwick als Iron-Lady wiederum forderte ihn auf, „den ganzen Unsinn über die Verstaatlichung der Banken und Minen zu stoppen". Mandela antwortete, dass er es von den Briten gelernt hatte!

Als nächstes ging Renwick nach London, um Thatcher zu informieren. Er wies sie, vermutlich so diplomatisch wie möglich, darauf hin, dass Mandela 27 Jahre gewartet hatte, um seine Seite der Geschichte zu erzählen. Renwick schrieb in seiner Denkschrift *Mission to South Africa*: Sie starrte mich an und sagte: „Sie meinen, ich darf nicht unterbrechen."

Als die beiden sich endlich zusammensetzten, tat Thatcher, was sie versprochen hatte, und ließ Mandela seine Geschichte ohne Unterbrechung erzählen. Er skizzierte die Geschichte des ANC und erklärte das aktuelle Szenario. Als sie an der Reihe war, sagte sie ihm, er solle "aufhören, über die Verstaatlichung der Banken und Minen zu reden" - genau wie Renwick es in ihrem Rollenspiel getan hatte -, was Mandela zum Lachen brachte.

Das Treffen dauerte drei Stunden, weit über die erwartete Endzeit hinaus, bei dem die beiden über die neue Verfassung, die Wirtschaft und andere Bereiche von gegenseitigem Interesse diskutierten. Das Treffen dauerte so lange, dass die gelangweilten - und notorisch ikonoklastischen - britischen Journalisten, die draußen in der Downing Street warteten, den bekannten Slogan "Free Nelson Mandela!" zu singen begannen.

DER MORD AN CHRIS HANI

Der Führer der Kommunistischen Partei Südafrikas, Chris Hani, bog in die Einfahrt seines Hauses in Boksburg ein, dicht gefolgt von einem roten Ford. Aus dem Auto trat ein weißer Mann mit einer Waffe. Er folgte Hani zu seiner Haustür und gab aus nächster Nähe vier Schüsse ab, die ihn sofort töteten. Die Schüsse alarmierten Hanis 15-jährige Tochter Nomakhwezi, die die Tür zum Anblick des Körpers ihres Vaters öffnete. Ihre Schreie lenkten die Aufmerksamkeit eines Nachbarn auf sich, der rechtzeitig ankam, um den Schützen wegfahren zu sehen.

Hani war der Stabschef von MK. Er war weithin geliebt und respektiert - eine Umfrage ergab, dass er nach Mandela der beliebteste politische Führer war - mit einer besonderen Anhängerschaft unter den Jugendlichen. Er war ein revolutionärer Friedensstifter, und sein Tod war verheerend - und möglicherweise katastrophal für Frieden und Versöhnung.

Die Sunday Times berichtete, dass sich ANC-Mitglieder zu beiden Seiten des Leichenwagens der Polizei versammelten und eine Kolonne bildeten und in eine emotionale Wiedergabe des Abschiedslieds für gefallene Kameraden, 'Hamba Kahle M'konto', ausbrachen. Führer kamen ins Haus - ANC National Chairman Oliver Tambo und seine Frau Adelaide und Sohn Dali; Mandelas Anwalt Ismail Ayob, Walter Sisulu, Winnie Mandela ... Tokyo Sexwale, damals Vorsitzender der Gauteng-Region des ANC, weinte.

Als sich die Nachricht von Hanis Mord verbreitete, stieg der Zorn in der Menge hoch. Die Emotionen schwappten über. ANC-Führer appellierten an Gelassenheit.

Dieser Tag, der 10. April 1993, war vielleicht der gefährlichste Moment auf dem Weg zur Demokratie. Die Wut nahm zu und das Land stand kurz vor einer Katastrophe.

Es war Nelson Mandela, der einen möglicherweise unkontrollierbaren Wutausbruch bei diesem Attentat abgewendet hat. In einer Fernsehsendung an diesem Abend sprach er die Nation in seiner Eigenschaft als ANC-Präsident an: „Heute Abend erreiche ich jeden einzelnen Südafrikaner, schwarz und weiß, aus den wirklichen Tiefen meines Wesens ..."

Er sprach von dem weißen Ausländer, der Chris Hani getötet hatte, und von der weißen Afrikanerin, die das Nummernschild des Attentäters abnahm und es der Polizei meldete.

„Jetzt ist die Zeit für alle Südafrikaner gekommen, sich gemeinsam gegen diejenigen zu stellen, die aus jedem Viertel das zerstören wollen, wofür Chris Hani sein Leben gegeben hat - die Freiheit von uns allen… Unsere Entscheidungen und Handlungen werden bestimmen, ob wir unseren Schmerz, unsere

Trauer und unsere Empörung nutzen, um zu der einzig dauerhaften Lösung für unser Land zu gelangen - einer gewählten Regierung des Volkes, durch das Volk und für das Volk.“

Sogar Präsident De Klerk wusste, dass nur Mandela das Land vor einer Katastrophe retten konnte. Wie Mandla Langa, Mitautorin von Mandelas Memoiren, Dare Not Linger: The Presidential Years, sagte: "Als Chris Hani getötet wurde, wurde Mandela wahrlich in diesem Moment de facto zum Führer des Landes."

IM RING MIT ALI

Sehr geehrter Herr Mandela,

erlauben Sie mir, Ihnen und dem A.N.C. mein tiefstes Bedauern auszudrücken, nachdem ich vom Tod von Chris Hani gehört habe. Meine Gebete gehen in diesen schweren Tagen an die Familie von Herrn Hani und die Menschen in Südafrika.

Ich gebe Ihnen die folgenden Informationen zu meiner Reiseroute, falls Sie mich kontaktieren möchten (vor unserem geplanten Treffen am 19. April 1993):

KAP SONNE - 13. BIS 16. APRIL - TEL: 021 238844 FAX: 021 238875

GARTENGERICHT JOHANNESBURG - 16. BIS 22. APRIL - TEL: 011 297011 FAX: 011 291515

Inshallah, ich bete, dass Gott dich beschützt

Muhammed Ali

Dieser unterschriebene Brief des großen Boxers Muhammad Ali an Nelson Mandela, der sein Beileid zum Tod von Chris Hani aussprach, wurde 2016 in England für 7 200 Pfund versteigert. Es war jedoch nicht der Brief, den Mandela tatsächlich erhielt. Hier ist die Geschichte:

So kam es, dass Ali am 10. April 1993 in Südafrika ankam - genau an dem Tag, an dem Chris Hani vor seinem Haus in Boksburg ermordet wurde. Der persönliche Assistent des Generaldirektors des Elangeni Hotels in Durban, in dem Ali zu dieser Zeit wohnte, schrieb den Beileidsbrief ab und machte einen Fehler: „Aufgrund meiner nervösen Aufregung, einen Brief von solch historischer Bedeutung zu schreiben, habe ich den Namen Muhammad falsch geschrieben und das letzte „a“ durch ein „e“

ersetzt. Der Brief wurde an Muhammad Ali gebracht und ordnungsgemäß unterschrieben, bevor jemand den Fehler bemerkte und an mich zurücksandte. Ich habe es erneut getippt, aber die falsche Kopie für die Nachwelt aufbewahrt.“ Dies ist der Brief, der versteigert wurde.

Nach Hanis Tod stand das Land auf Messers Schneide. Trauer und Wut verbanden sich zu einer unberechenbaren und unbeständigen Stimmung. Trotz der Gefahr nahm Ali an Hanis Beerdigung im FNB-Stadion teil. Die Menge begrüßte ihn mit Gesängen von „Ali! Ali!" Ähnlich wie Mandela war Ali ein großer Liebling der Menschen, und die Menge begrüßte ihn, wohin er auch ging. Bei einem Besuch in KwaMashu außerhalb von Durban säumten Menschenmassen die Straßen, als Alis Wagenkolonne durchkam und der Boxer neben ihm joggte. Berichten aus dieser Zeit zufolge folgten sie ihm in die örtliche Moschee und sangen „Ali der Größte“, worauf er seine Hand hob und antwortete: „Gott ist der Größte“.

Eine berühmte Fotoserie zeigt Nelson Mandela, wie er sich mit Muhammad Ali auseinandersetzt. Sie trafen sich im Laufe der Jahre mehrmals, und es gab eine echte Zuneigung zwischen den beiden Männern. Obwohl sie äußerlich so unterschiedlich waren, hatten sie viele Gemeinsamkeiten, sogar jenseits ihrer gemeinsamen Liebe zum Boxen. Ali äußerte sich zu vielen der gleichen Themen, die Mandela so sehr am Herzen lag - insbesondere zu Rassismus und Ungleichheit - und fühlte eine tiefe Verbindung zu Afrika.

Beide kämpften und opferten sich für ihre Prinzipien auf. Ali zahlte teuer für seine Weigerung, während des Vietnamkrieges beim US-Militär zu dienen. Er wurde seiner Schwergewichts-Titel beraubt, zu fünf Jahren Gefängnis verurteilt, mit einer Geldstrafe von 10.000 US-Dollar belegt und drei Jahre lang vom Boxen ausgeschlossen.

Mandela war ein großer Fan des Boxchampions - er hatte sogar ein Bild von Ali auf seinem Schreibtisch. Mandela schrieb in The Independent und beschrieb Muhammad Ali als "nicht nur meinen Helden, sondern den Helden von Millionen junger schwarzer Südafrikaner". Er schrieb: „Er trat als Held in den USA zu einer Zeit auf, als schwarze Menschen in diesem Land besonders unterdrückt wurden. Er trat als Nationalheld und nicht nur als Held einer schwarzen Minderheit auf ... Ich danke Muhammad Ali für seine Charakterstärke und Zielstrebigkeit. Ich danke ihm für den Mut, den er mir gegeben hat.“

Das Gefühl war gegenseitig. Ali war ein großer Bewunderer von Mandela und bezeichnete ihn als "Mitstreiter der Freiheit, sowohl innerhalb als auch außerhalb des Rings". Sobald Mandela aus dem Gefängnis entlassen wurde, drückte Ali seine Bereitschaft aus, ihn zu treffen. Was er mehrmals tat.

Als Mandela starb, sprach Ali von ihm als einem Mann, dessen Herz, Seele und Geist nicht durch rassistische und wirtschaftliche Ungerechtigkeiten, Metallstangen oder die Last des Hasses und der Rache eingedämmt oder zurückgehalten werden konnten. Er lehrte uns Vergebung im großen Stil ... Er inspirierte andere, nach dem zu greifen, was unmöglich schien, und veranlasste sie, die Barrieren zu durchbrechen, die sie geistig, körperlich, sozial und wirtschaftlich als Geiseln hielten. Er hat uns klar gemacht, dass wir die Hüter unserer Brüder sind und dass unsere Brüder in allen Farben kommen."

LEGE DICH NICHT MIT MANDELA AN

Als Politiker konnte Mandela stählern sein, obwohl er äußerlich selten wütend war. Eine

Ausnahme trat bei der Eröffnung des Übereinkommens für ein demokratisches Südafrika (Codesa) auf, dem Verhandlungsforum, das im Dezember 1991 nach der Unterzeichnung des Nationalen Friedensabkommens durch die Regierung, die Heimatregierungen und die politischen Organisationen eingerichtet wurde.

Am Eröffnungstag bat FW de Klerk, zuletzt zu sprechen. In seiner Rede kritisierte er den ANC und sagte, dass "einer Organisation, die sich weiterhin dem bewaffneten Kampf verschrieben hat, nicht vollständig vertraut werden kann, wenn sie sich selbst zu friedlichen Verhandlungen verpflichtet".

Als De Klerk fertig war, bat Mandela um besondere Erlaubnis zu sprechen, und als er dies tat, war er wütend und vernichtend: „Ich bin zutiefst besorgt über das Verhalten von Herrn De Klerk heute. Er hat einen Angriff auf den Afrikanischen Nationalkongress gestartet und war dabei weniger als offenherzig. Selbst der Chef eines illegitimen, diskreditierten Minderheitenregimes wie diesem hat bestimmte moralische Standards zu wahren. Er hat keine Entschuldigung dafür, weil er ein Vertreter eines diskreditierten Regimes ist, um moralische Standards nicht einzuhalten.“

Erinnernd an den Codesa Zwischenfall erzählte der Journalist Sahm Venter Danny Schechter in Madiba A to Z: Die vielen Gesichter von Nelson Mandela, „Das war klassisch Madiba. Keine vorbereitete Rede. Er ist gerade wieder auf die Bühne gekommen und hat es ihm gegeben, weißt du? Schneiden Sie ihn an den Knien ab. Er konnte das tun. Ich denke, er steht mit viel moralischer Autorität da."

Er hatte eine Nachricht an seine Gegner und an seine Anhänger gesendet - die Zeit für Verhandlungen war gekommen, und Mandela würde sich nicht davon abhalten lassen.

Dies war nicht das erste Mal, dass die beiden Männer in Konflikt gerieten, und es sollte nicht das letzte Mal sein. Die angespannte Beziehung ging weiter und erreichte einen neuen Tiefpunkt in Bezug auf ein innerstaatliches Problem - wer sollte wo leben? Als Mandela 1994 gemäß der Interimsverfassung zum Präsidenten gewählt wurde, wurde De Klerk einer der beiden stellvertretenden Präsidenten. De Klerk wurde mitgeteilt, dass er und seine Frau Marike in Libertas (jetzt Mahlamba Ndlopfu), der offiziellen Residenz des Präsidenten in Pretoria, bleiben könnten, und Mandela würde in eine Residenz namens *Die Präsidentschaft* umziehen. Aber der ANC wollte, dass Mandela nach Libertas zieht und die De Klerks in *Die Präsidentschaft* beruft. Es änderte sich alles wieder und die De Klerks erhielten Overvaal, früher die Heimat des Provinzverwalters von Transvaal. In seiner Autobiografie schrieb De Klerk, dass seine Frau "von all dem Zerhacken und Verändern geplagt" sei, was sie als absichtliche Demütigung ansah.

Mandela und De Klerk hatten eine angespannte und oft unruhige Beziehung. Sie hätten keine Ahnung davon, wenn Sie das berühmte Bild der beiden Männer bei Nelson Mandelas Amtseinführung als neuer Präsident Südafrikas betrachten würden, als er FW de Klerk an der Hand ergriff und ihre Handflächen in einem gemeinsamen Triumphbild emporhob.

EIN ÜBERRASCHUNGSBESUCH DES PRÄSIDENTEN

Debora Patta, Afrika-Korrespondentin von CBS, war eine junge Reporterin bei Radio 702, als sie den Job ihres Lebens bekam - sie berichtete über Nelson Mandela im Vorfeld der ersten demokratischen Wahlen. Zwei Jahre lang folgte sie ihm durch das ganze Land.

Sie erinnert sich an ihn als freundlich und besorgt. „Ich war immer mit schwerer Funkausrüstung und einem riesigen alten Nokia-Handy beladen, und er bot mir an, mir beim Tragen zu helfen. Vor allem war er sehr besorgt, dass ich nie einen Freund finden würde, weil ich immer mit ihm unterwegs war. Dann fing ich an, jemanden zu sehen, und vor den anderen Journalisten fragte er, wie die Beziehung lief, was ziemlich beschämend war. Als ich antwortete: „Ich werde bald heiraten", sagte er: „Oh, ich komme zur Hochzeit."

Ich hätte nicht gedacht, dass er es ernst meinte. Sie erwarten nicht, dass Nelson Mandela zu Ihrer Hochzeit kommt. Am Morgen der Hochzeit rief der Leibwächter an und sagte, sie müssten kommen und den Veranstaltungsort fegen.

Er kam mit einem Gefolge, und dann wurde bekannt, dass er dort war, so dass andere Leute einfach auftauchten, um ihn zu sehen. Es gab nicht genug zu essen. Meine italienischen Verwandten fielen auf die Knie und küssten seinen Ring, als wäre er der Papst. Es war lustig. Mandela ist auf all unseren Hochzeitsfotos zu sehen - da ist er in seinem goldenen Hemd und meine Schwester im Kleid ihrer Brautjungfer."

Als sie ihn in all jenen Jahren aus der Nähe sah, war sie von seiner echten Fähigkeit, unabhängig von den Umständen dieselbe Person zu sein, angetan. „Er war ein schlauer Mann und ein guter Stratege, aber Sie hatten nie das Gefühl, dass er eine Show abliefert. Er mochte Kinder wirklich, er war nicht nur für den Fototermin da. Ungeachtet dessen, verhielt er sich genauso. Mandela war kein Heiliger, er war eine echte, mit Fehlern behaftete Person, aber er hatte die Fähigkeit zur Freundlichkeit. Einmal waren wir auf der Autobahn und fuhren von Pretoria zurück. Wir sahen eine Frau mit einem platten Reifen am Straßenrand anhalten. Er fordert die Leibwächter auf, anzuhalten, was sie natürlich nicht wollten, auf der Autobahn im Dunkeln mit Mandela im Auto anzuhalten, aber er bestand darauf. Dann steigt er aus und sagt zu ihr: „Kann ich Ihnen helfen?" Und all diese bärenstarken jungen Männer steigen aus und wechseln ihren Reifen."

Eine ihrer Lieblingserinnerungen ist, als sie ihn nach Qunu begleitete: „Ich erinnere mich, dass wir über die Hügel gingen, dieser große, hochgewachsene Mann, und natürlich kamen Leute, um ihn zu sehen. Er liebte es dort, er war so aufgeregt, wie ein kleines Kind, und rief mich an, um es mir zu zeigen, hier haben wir dieses Spiel gespielt, hier habe ich die Ziegen getrieben. Er hatte dieses wunderbare Gespür für

Anerkennung. Er hat nie darüber gesprochen, was er verpasst hatte, über die Verluste, aber ich fühlte es dort, eine Sehnsucht."

Sie sah immer wieder seine außergewöhnliche Wirkung auf die Menschen: „Er war wie eine Kombination aus einem Popstar und einem viktorianischen Gentleman. Er hatte eine unglaubliche natürliche Ausstrahlung. Die Leute würden verrückt nach ihm werden, sogar die Leute, die dachten, sie mochten ihn nicht. Am Anfang hatte er eine große emotionale und politische Bedeutung für den ANC, aber für viele weiße Südafrikaner war er ein Terrorist. Aber er übte diesen Charme auf Männer und Frauen aus, und so gelang es ihm, jemanden wie Constand Viljoen für sich zu gewinnen."

ENTWAFFNENDER HUMOR

Während der Mehrparteienverhandlungen im Vorfeld der demokratischen Wahlen 1994 wurde es sehr spannend, aber Mandela konnte die Menschen auch mit seinem Humor entwaffnen. Gelegentlich neckte er den Führer der rechten Partei der Freiheitsfront, General Constand Viljoen, mit einem Grinsen: „Wir müssen den

Weißen sprechen lassen; immerhin ist er von der höchsten Rasse.“ Unbeholfenes Lachen würde die aufgeladene Stimmung ersetzen.

Als Mandela die oppositionelle Demokratische Allianz (DA) als Mickey-Mouse-Partei bezeichnete, antwortete DA-Führer Tony Leon auf die Stichelei und sagte, Mandela habe eine alberne Regierung geführt. Jahre später, als Leon im Krankenhaus auf eine Operation wartete, hörte er ein Klopfen an der Tür, gefolgt von Mandelas unverwechselbarer Stimme, die sagte: "Hallo Mickey Mouse, hier ist Goofy."

Er benutzte oft selbstironischen Humor, um andere Menschen zu beruhigen. Als seine Amtszeit als Präsident abgelaufen war, scherzte er darüber, arbeitslos zu sein oder über sein Alter.

DER EINHEIMISCHE, DER ALLE PROBLEME VERURSACHT HAT

In der Gemeinde New Brighton in den frühen 1960er Jahren war John Kani einer der Ausguckjungen, die ein Auge auf politische Treffen hatten. „Es gab einen blauen Van, ich erinnere mich noch an das Nummernschild, das der Spezialabteilung gehörte. Wenn wir es sahen, pfiffen wir, um zu zeigen, dass die Polizei in der Nachbarschaft war. Eines Tages hörten wir, dass eine sehr wichtige Person zu einem von Raymond Mhlaba organisierten Treffen kam - ich fand erst später heraus, dass es Nelson war."

John Kani traf Nelson Mandela 1990 zum ersten Mal, kurz nach Mandelas Freilassung. Der gefeierte Schauspieler, Regisseur und Autor erinnerte sich: „Die Leute besuchten ihn zu Hause - zuerst die Politiker, die Ordensleute, die Geschäftsleute. Irgendwann waren die Kulturaktivisten an der Reihe. Ungefähr acht von uns gehen zum Haus. Er sitzt dort auf dem Stuhl, Winnie steht neben ihm und jemand stellt uns vor: „Tata, das ist so und so, Tata, das ist so und so", und als er zu mir kommt, sagt Mandela: „Ah, diesen kenne ich, er ist der Einheimische, der alle Probleme verursacht hat...". So hat er mich genannt, bis er starb."

The Native Who Caused All the Trouble ist der Name eines Stücks von Danny Keogh, Vanessa Cooke und Fink Haysom, in dem Kani einen schwarzen Mann spielte, der sich weigerte, aus einem farbigen Gebiet vertrieben zu werden, weil das Land Gottes und nicht dem Menschen gehört und 'kann nicht wie ein Schuh ausgetauscht werden'. Als Mandela nach Pollsmoor verlegt wurde, sah er sich ein Video des Stücks an.

Mandela hatte von Kanis Aktivismus gehört. Später erzählte er Kani, dass es auf Robben Island eine Tradition gibt - wenn es an dem Ort, von dem Du gekommen bist, einen Vorfall gab, würdest Du Dich damit rühmen. Während er die Geschichte erzählt wiederholt Kani die Worte von Madiba: „Wenn Du und Athol [Fugard] und Winston [Ntshona] in Schwierigkeiten gerieten, würde ich zu Walter sagen: „Sie sehen, die Jungen arbeiten in meiner Provinz."

Kanis Beitrag kam in Form seiner provokanten Stücke, die als "Kampftheater" bekannt wurden. Eines davon war *The Island*, das erstmals 1973 produziert wurde.

Als Kani mit den Serpent Players anfing, führten sie die griechische Tragödie *Antigone* auf. „Shark, der Haemon spielte, kannte seine Zeilen nie. Du hast Shark nicht ein Wort gegeben, du musstest den ganzen Satz geben. An unserem allerersten Auftritt, ist Shark nicht gekommen. Also sprang ich ein. Wir fanden heraus, dass er verhaftet worden war und er für sieben Jahre lang auf Robben Island gelandet war. Mein Onkel Harry war bereits fünf Jahre auf Robben Island. In einem Brief erzählte er mir, dass Shark die

Gefangenen im Steinbruch mit einer Ein-Mann-Aufführung von *Antigone* unterhielt. Wir konnten es nicht glauben! Er kannte die Zeilen nicht! Anscheinend hat er es erfunden."

Diese und andere Geschichten von Insassen blühten in *The Island* auf, einem Stück, das John Kani, Winston Ntshona und Athol Fugard lokale und internationale Anerkennung (und Tony Awards) einbrachte. Es brachte auch sowohl Kani als auch Ntshona zu einer Haftstrafe, die ohne Gerichtsverfahren inhaftiert wurden.

Zwei Jahrzehnte später erhielt Kani einen Anruf und diese berühmte Stimme kam in die Leitung: „John, können Du und Winston dieses Stück spielen, *The Island*..."

Ich habe Winston angerufen, wir haben eine dreiwöchige Lücke gefunden, und wir haben es geschafft. An diesem Tag war das Theater mit Leuten aus Shell House gefüllt. Jeder war da. Alle Anhänger und Kameraden. UDF, Gewerkschaften, Exilanten. Und Madiba in Reihe F. Es gibt dort einen Sitz ohne Sitz davor. Wir haben diesen Sitz wegen seiner langen Beine immer für ihn reserviert.

Als das Licht ausging, sagte ich: „Oh Winston, denkst du, er wird es mögen? Glaubst du, er wird es hassen?"

Es gab stehende Ovationen.

„Wir haben ihn danach getroffen, und er sagte nur: "Danke". Ahmed Kathrada war bei ihm und erklärte mich und Winston zu Ehreninsassen von Robben Island. Für mich war es eine Ehre, viel mehr wert als der Tony Award.“

JOURNALISTEN BEZAUBERN

Der Journalist Rich Mkhondo war auf \`Mandela Lauer\` für Reuters, lange vor der Veröffentlichung, und war einer der ersten, der ihn interviewte, als er frei war. Nachdem Rich zu Hause und auf der ganzen Welt über Mandela berichtet hat, hat er viele Madiba-Geschichten zu erzählen, obwohl er sagt: „Ich bin nicht sicher, wie originell einige von ihnen sind - ich denke, er hat diese Art von Dingen allen angetan."

Als Mandela in Texas war, um George W. Bush zu sehen, war Rich da. Mandela zeigte auf mich und sagte zu Bush: „Siehst du den Kerl dort? Er ist ein Freund von mir und hat mich im ganzen Land verfolgt. Wenn die Zeit für Fragen kommt, möchte ich, dass Sie ihn zuerst gehen lassen.“ Als wir dann nach Kanada gingen, sagte er dasselbe zum kanadischen Premierminister!

Ich gab ihm eine Kopie eines Buches, das ich geschrieben hatte, und Wochen später war ich auf einer Pressekonferenz und vor allen sagte er: „Rich, ich wollte, dass du weißt, dass ich dein Buch lese, ich bin auf Seite so und so . . . " Er hatte eine Begabung, Menschen das Gefühl zu geben, etwas Besonderes zu sein. Nicht nur mir, allen. Ich denke, es war eine Art Scherz, aber es war mehr als das.

Madiba investierte in Menschen, die ihm helfen würden, seine Botschaft weiterzugeben. Er wusste, wie wichtig Journalisten sind. Er wusste, dass seine Geschichte während seiner Inhaftierung von Journalisten am Leben erhalten wurde. Und er wusste, dass sie wichtig für das waren, was er jetzt tat, also gab er ihnen das Gefühl, etwas Besonderes zu sein. Er war standhaft, aber freundlich und professionell. Er würde niemals sagen, dass Journalisten nichts Schlechtes über den ANC oder die Regierung schreiben sollten.

Jeder, der auch nur einen flüchtigen Bezug zu Mandela hatte, hatte das Gefühl, eine persönliche Beziehung zu haben, wenn auch nur gerade in diesem Moment. „Er war sehr schlau und erinnerte sich an alles. Es war bemerkenswert, wie er sich an Namen erinnerte. Ich habe ihn meiner Frau bei seiner Buchvorstellung vorgestellt, und als ich ihn Wochen später sah, hat er mit Namen nach ihr gefragt."

Er hatte eine Reihe liebenswerter kleiner Tricks. Bei einer Veranstaltung stellte er sich allen vor. „Hallo, ich bin Nelson Mandela..." Als ob irgendjemand auf der Welt nicht wissen würde, wer er ist. Ich habe einmal gefragt, und er sagte, er wolle nicht davon ausgehen, dass ihn jeder kennt.

Für Journalisten, die zu dieser Zeit übcr Mandela berichteten, war der Moment, auf den sie warteten, als er vom Drehbuch abwich: „Wir wussten, dass die Rede, die er las, nicht wichtig war. Die Nachricht kam nicht von Herzen. Sobald er anfing, aus dem Stegreif zu sprechen, hatte das Substanz. Die Zeit, als er De Klerk bei den Codesa (Convention for a Democratic South Africa) Verhandlungen scharf kritisiert hatte, war ein Klassiker, aber er tat es oft. Lies die Rede, die sie für ihn geschrieben hatten, und dann würde er in die Luft gehen."

STREIT ÜBER DEN FRIEDENSNOBELPREIS

Im Oktober 1993 erhielten Nelson Mandela und Präsident FW de Klerk gemeinsam den Friedensnobelpreis und folgten ihren Landsleuten Chief Albert Luthuli (1960) und Erzbischof Desmond Tutu (1984).

Bei der Bekanntgabe der Auszeichnung in Oslo erklärte das Nobelkomitee, De Klerk und Mandela hätten "persönliche Integrität und großen politischen Mut" gezeigt, um einen Weg zur Demokratie zu finden, und ein Beispiel für Frieden und Versöhnung geliefert.

George Bizos erinnerte daran, dass Mandela nicht sicher war, ob er die Auszeichnung gemeinsam mit dem Mann annehmen sollte, der den größten Teil seines politischen Lebens damit verbracht hatte, die Apartheid aufrechtzuerhalten, und von dem er glaubte, dass er die weitere Ermordung von Aktivisten und Zivilisten in seiner Heimat erlaubte. Am Ende beschloss er, die Auszeichnung trotz seiner Bedenken anzunehmen.

Nadine Gordimer, die Nobelpreisträgerin von 1991, beschrieb es als "eine Art Verrat", ihn den Preis mit dem Apartheid-Präsidenten teilen zu sehen. Winnie Mandela nannte es später "eine Beleidigung" und "ein Bestechungsgeld, eine gigantische Verschwörung, um ihn zu einem Instrument des Friedens für den weißen Mann zu machen". Tokyo Sexwale teilte der AFP-Nachrichtenagentur später mit, dass es diejenigen gab, die dachten, Mandela sollte den Preis ablehnen, und dass es Mandela war, der sie davon überzeugte, dass er ein Beispiel für Versöhnung setzen sollte.

Die beiden Männer schienen ein politisches Wunder zu vollbringen - die Umwandlung ihres Landes in eine gemischtrassige Demokratie -, aber die Beziehungen zwischen ihnen waren angespannt, und das zeigte sich auch. Sogar die Fotografien dieser Zeit zeigen sie für zwei Preisträger als ziemlich grimmig.

In seiner Dankesrede begrüßte Mandela seinen "Landsmann und Mitpreisträger", der „den Mut hatte, zuzugeben, dass unserem Land und den Menschen durch die Einführung des Apartheidsystems ein schreckliches Unrecht angetan wurde". Er erwartete von De Klerk, dass er das Leiden, das die Apartheid verursacht hatte, und ihre Unmoral in seiner Dankesrede anerkannte, er behauptete jedoch, dass „beide Seiten Fehler gemacht hatten“.

Als die beiden Preisträger auf dem Balkon des Grand Hotels in Oslo erschienen, war es eindeutig Mandela, den die Menge sehen wollte. Dass De Klerk und Marike während des Gesangs von "Nkosi Sikelel" iAfrika plauderten, blieb nicht unbemerkt.

George Bizos beschrieb, wie Mandela seinem Team sagte, es solle keine Rede für das private Abendessen mit dem norwegischen Premierminister und 150 Gästen schreiben. Es würde keine Presse geben, also würde er einfach aus dem Stehgreif sprechen: „Nelsons Geduld kippte schließlich... In schrecklichen Einzelheiten beschrieb er die Behandlung politischer Gefangener auf Robben Island und berichtete von einem Vorfall, bei dem Gefängniswärter einen Mann im Sand begruben und auf ihn urinierten... „Welche Fehler haben wir begangen, dass Sie uns so brutal behandelt und eingesperrt und verbannt und uns nicht erlaubt haben, zu wählen?" fragte er wütend vor De Klerk. Dies war die einzige Gelegenheit, bei der ich jemals sehen würde, wie Nelson die Kontrolle verliert und seine persönlichen Gefühle in der Öffentlichkeit zum Ausdruck bringt.

Beim Frühstück am nächsten Tag saßen die beiden südafrikanischen Delegationen getrennt voneinander. De Klerk und seine Leute gingen früh, ohne sich von Mandela und seinen Leuten zu verabschieden.

MANDELA ALS PRÄSIDENT

MANDELA GIBT SEINE STIMME AB

Am 27. April 1994 stimmten 20 Millionen Menschen bei den ersten demokratischen Wahlen in Südafrika ab. Sehr viele von ihnen wählten zum ersten Mal. Unter ihnen war Nelson Mandela.

Er schrieb eindringlich über diese erste Abstimmung in seiner Biografie *Long Walk to Freedom*: „Ich habe an der Ohlange High School in Inanda, einer grünen und hügeligen Gemeinde nördlich von Durban, abgestimmt, denn dort wurde John Dube, der erste Präsident des ANC, begraben. Dieser afrikanische Patriot hatte 1912 mitgeholfen, die Organisation zu gründen, und meine Stimme in der Nähe seiner Grabstätte abzugeben, schloss den Kreis der Geschichte, denn die Mission, die er vor zweiundachtzig Jahren begann, sollte erreicht werden.

Als ich über seinem Grab auf einer Anhöhe über der kleinen Schule stand, dachte ich nicht an die Gegenwart, sondern an die Vergangenheit. Als ich zur Wahlstation ging, dachte ich an die Helden, die gefallen waren, damit ich dort sein konnte, wo ich an diesem Tag war, an die Männer und Frauen, die das ultimative Opfer für eine Sache gebracht hatten, die nun endlich Erfolg hatte. Ich dachte an Oliver Tambo, Chris Hani, Chief Luthuli und Bram Fischer. Ich dachte an unsere großen afrikanischen Helden, die sich aufgeopfert hatten, damit Millionen von Südafrikanern an diesem Tag wählen konnten; ich dachte an Josiah Gumede, GM Naicker, Dr. Abdullah Abdurahman, Lilian Ngoyi, Helen Joseph, Yusuf Dadoo und Moses Kotane. Ich bin am 27. April nicht alleine in diese Wahlstation gegangen; ich habe meine Stimme mit ihnen allen zusammen abgegeben... Ich markierte ein X in dem Kästchen neben den Buchstaben ANC und schob meinen gefalteten Stimmzettel in eine einfache Holzkiste. Ich hatte die erste Stimme meines Lebens abgegeben."

Die Entscheidung, in Natal zu wählen, war teilweise auch strategisch. Für die Wähler in der Provinz, die im Vorfeld der Wahlen von Gewalt und Blutvergießen heimgesucht worden waren, zeigte Mandelas Anwesenheit, dass es keine Gefahr gab, zu den Wahllokalen zu gehen.

Es war überhaupt nicht klar, dass diese Wahl tatsächlich friedlich und erfolgreich verlaufen würde. Das IFP hatte in letzter Minute beschlossen, daran teilzunehmen. Die meisten der geschätzten 21,7 Millionen Wahlberechtigten hatten noch nie zuvor gewählt, und viele hatten keinen Ausweis, so dass die Logistik riesig und kompliziert war.

Als der große Tag anbrach, warteten die Südafrikaner stundenlang geduldig in langen Schlangen, um ihr demokratisches Wahlrecht geltend zu machen. Viele hatten Jahrzehnte darauf gewartet, ihre erste Stimme abzugeben. Was waren da noch ein paar Stunden in einer großen Schlange von Mitbürgern, die auch auf ihre Chance warteten, als vollwertige Bürger ihres Geburtslandes teilzunehmen?

Ja, es gab Probleme - falsch platzierte Stimmzettel, Gerüchte über Wahlbetrug, logistische Schwierigkeiten. Aber auch diese haben die Entschlossenheit der Bürger nicht erschüttert, dies friedlich zu erreichen.

Und die Stimmung! Nun, du hättest dabei sein müssen. Südafrikaner, die immer noch von Kameradschaft und Feierstimmung sprachen. Der Optimismus. Viele Wähler erzählen Geschichten von bedeutungsvollen Momenten der Verbindung. Von Großzügigkeit und Gutherzigkeit. Die Wahl 1994 war nicht nur eine Abstimmung für eine politische Partei – sie war eine Abstimmung für Frieden und Demokratie.

EIN NEUES SÜDAFRIKA, EIN NEUER PRÄSIDENT

Es dauerte mehrere Tage, bis die Ergebnisse ausgezählt waren. Als die Zahlen endlich bekannt wurden, hatte der ANC 62,6 Prozent der nationalen Stimmen erhalten und damit 252 von 400 Sitzen in der Nationalversammlung, etwas weniger als die Zweidrittelmehrheit, die der Partei das Recht geben würde, Änderungen in der Verfassung ohne die Unterstützung der anderen Parteien durchzusetzen. Wie in der Interimsverfassung dargelegt, wurde eine Regierung der nationalen Einheit (GNU) gebildet, und IFP, NP und ANC waren im Verhältnis zur Anzahl der bei den Wahlen gewonnenen Sitze im Kabinett vertreten.

Am 9. Mai 1994 wurde Nelson Mandela von der Nationalversammlung zum ersten schwarzen südafrikanischen Präsidenten gewählt, mit FW de Klerk und Thabo Mbeki als stellvertretende Präsidenten.

In der New York Times schrieb Korrespondent Bill Keller: „Die Macht, die den Weißen gehört hatte, seit sie sich vor 342 Jahren an diesem Kap niedergelassen hatten, ging heute an ein

Parlament, welches so vielfältig wie jedes andere auf der Welt ist, eine Gruppe stolzer Überlebender, die ihre Arbeit damit begann, Nelson Mandela zu wählen, um ihn zum ersten schwarzen Präsidenten Südafrikas werden zu lassen... Seine aufgedrehten Anhänger jubelten voller unparlamentarischer Freude.“

Südafrika wurde in die Organisation der Afrikanischen Einheit (OAU) aufgenommen und nahm seinen Sitz in der Generalversammlung der Vereinten Nationen (UN) wieder auf.

Der neue Präsident Nelson Mandela sprach auf der Grand Parade vor den Menschen in Kapstadt:

Heute treten wir in eine neue Ära für unser Land und seine Menschen ein. Heute feiern wir nicht den Sieg einer Partei, sondern einen Sieg für alle Menschen in Südafrika. Unser Land hat eine Entscheidung getroffen. Unter allen Parteien, die an den Wahlen teilgenommen haben, hat die überwiegende Mehrheit der Südafrikaner den Afrikanischen Nationalkongress beauftragt, unser Land in die Zukunft zu führen. Das Südafrika, für das wir gekämpft haben, in dem sich alle unsere Leute, ob Afrikaner, Farbige, Inder oder Weiße, als Bürger einer Nation betrachten, ist nahe.

Er skizzierte einen umfassenden Plan für das Land: Bekämpfung der Armut, Schaffung von Arbeitsplätzen, Förderung von Frieden und Versöhnung, Ermutigung von Investoren und Schaffung eines Rechtsrahmens, der zum Wiederaufbau und zur Entwicklung des Landes beitragen würde:

Wir legen unsere Vision einer neuen Verfassungsordnung für Südafrika nicht als Eroberer auf den Tisch, sondern schreiben sie den Eroberten vor. Wir sprechen als Mitbürger, um die Wunden der Vergangenheit zu heilen, mit der Absicht, eine neue Ordnung aufzubauen, die auf Gerechtigkeit für alle basiert. Dies ist die Herausforderung, vor der alle Südafrikaner heute stehen, und ich bin sicher, dass wir uns alle dieser Herausforderung stellen werden.

Am 20. Mai 1994 trat der Senat (später in Nationaler Provinzrat umbenannt) nach seinem Sieg in sieben der neun Provinzen zum ersten Mal unter der Kontrolle des ANC zusammen. Die Eröffnungssitzung des Zweikammerparlaments fand vier Tage später statt. Die Verfassungsversammlung trat zusammen und wurde mit der Fertigstellung des Verfassungstextes beauftragt.

DIE PRÄSIDIALE AMTSEINFÜHRUNG, DIE PARTY, AUF DER JEDER SEIN WOLLTE

Für viele war es so, als ob das neue Südafrika am 10. Mai 1994 mit der Vereidigung des 75-jährigen Nelson Mandela als erstem demokratischen Präsidenten vor den Union Buildings, dem Sitz der Exekutive, begann, vor 100.000 freien Bürgern.

Dies war die Party, auf der jeder sein wollte. Bereits Tage zuvor waren ausländische Würdenträger im Land angekommen. Aus Amerika kamen Vizepräsident Al Gore, First Lady Hillary Rodham Clinton, Reverend Jesse Jackson und General Colin Powell. Es gab den palästinensischen Führer Yasser Arafat, den kubanischen Präsidenten Fidel Castro und den simbabwischen Präsidenten Robert Mugabe. Prinz Philip. Der Generalsekretär der Vereinten Nationen, Dr. Boutros Boutros-Ghali, und viele, viele mehr aus der ganzen Welt.

Auch lokale Würdenträger nahmen ihre Plätze ein. MK-Freiheitskämpfer und Generäle der alten südafrikanischen Verteidigungsstreitkräfte klopften sich auf die Schultern. Ein Rabbi, ein Imam und ein Priester folgten einander auf die

Bühne. Die Menge auf dem Rasen unten beobachtete ihre Ankunft auf riesigen Bildschirmen zu beiden Seiten der Bühne. Bestimmte Favoriten erweckten einen Jubel aus einer Menge, die von Minute zu Minute zunahm, festlich und freundlich war und passenderweise in Rainbow Nation-Manier. Für viele war dies vielleicht das erste Mal, dass sie in einer so geselligen, gemischtrassigen Gruppe waren. Fremde umarmten, plauderten, tanzten, zusammengebracht durch ihre gegenseitige Ehrfurcht und Freude. Eine Gruppe junger Leute rannte über den Rasen und hielt eine Truhe mit der seitlich aufgemalten Aufschrift „*Hamba Kahle Apartheid*" (Abschied von der Apartheid). Unternehmer verkauften T-Shirts.

Als der gewählte Präsident Nelson Mandela angekündigt wurde, war die Antwort ein ohrenbetäubender Jubel. Es folgte Ukubonga (die traditionelle Kunstform des Lobgesangs). Der königliche Dichter Zolani Mkiva gab eine aufwühlende Darbietung. Er übersetzte sein Lobgedicht folgendermaßen:

Da, Mandela. Da ist Mandela. Da ist der Sohn des Bodens. Er hat keine parfümierten Lippen. Er spricht die Wahrheit. Er hat keine Katzenaugen, aber er kann die wahren Farben des Universums sehen. Er hat keine Hundenase, kann aber riechen und zwischen Kohlenmonoxid und Sauerstoff unterscheiden. Er hat keine Eselsohren, aber er kann hören, was Sinn macht und was ein Ärgernis ist. Er ist der Sohn des Bodens, ein Bruder der Töchter des Landes.

Die Formalitäten wurden fortgesetzt. Die Nationalhymne - zuerst "Die Stem", dann "Nkosi Sikelel´ iAfrika "- als die neue Flagge an der Stange hoch gezogen wurde und die Menge "Amandla!" brüllte. Als Mandela der neuen Republik und ihrer Verfassung die Treue schwor und die Worte "So hilf mir, Gott" seine Lippen verließen, kam der Ruf zurück: "Viva Nelson Mandela, Viva".

Erzbischof Desmond Tutu leitete das Gebet "Gott segne Afrika". Mandelas Rede war ein Triumph der Einschließlichkeit und Hoffnung:

> *Die Zeit ist gekommen, um die Wunden zu heilen.*
>
> *Der Moment, die Abgründe zu überbrücken, die uns trennen, ist gekommen.*
>
> *Die Zeit zum Bauen liegt bei uns.*
>
> *...*
>
> *Lass es Gerechtigkeit für alle geben.*
>
> *Lass es Frieden für alle geben.*

Lass es Arbeit, Brot, Wasser und Salz für alle geben.

Lass jeden wissen, dass für jeden der Körper, der Geist und die Seele frei sind, sich selbst zu erfüllen.

Niemals, niemals und nie wieder wird es sein, dass dieses schöne Land wieder die Unterdrückung eines nach dem anderen erfahren und die Empörung erleiden wird, das Stinktier der Welt zu sein.

Lass die Freiheit regieren.

Die Sonne wird niemals auf eine so herrliche menschliche Leistung untergehen!

Gott segne Afrika!

Vielen Dank.

Dann dröhnten die Kanonen den Präsidentschaftsgruß und die Militärflugzeuge und Hubschrauber flogen in Formation über die neue südafrikanische Flagge, die hell gegen einen strahlend blauen Herbsthimmel flatterte und über den Rasen, der voller Menschen war. Die Menge schrie ihre Zustimmung. Dies war jetzt ihre Luftwaffe.

ES GIBT KEIN IHR UND WIR MEHR

Jeder wollte an der Amtseinführung von Nelson Mandela als erstem Präsidenten eines demokratischen Südafrikas teilnehmen. Aber natürlich konnte das Gelände der Union Buildings nicht mit der immensen Anzahl von Menschen umgehen, die dort sein wollten.

Damit die Joburgers in der Nähe ihrer Heimat feiern konnten, wurden die Vorgänge in den Union Buildings im Fernsehen übertragen und auf der großen Leinwand im Ellis Park Stadium übertragen, wo ein großes Fußballspiel zwischen Bafana Bafana und Sambia stattfand. Mandela selbst würde auftauchen. Es war eine geniale Idee – 60.000 Menschen waren im Stadion, anstatt die Straßen nach Pretoria zu verstopfen.

Rory Steyn, Kommandeur der VIP-Schutzabteilung der Polizei in Johannesburg, war für die Sicherheit im Voraus verantwortlich, das heißt dafür, dass der Veranstaltungsort „sicher und steril" war, bevor der Präsident eintraf. Er greift die Geschichte auf:

„Ich ging zum Ellis Park, um auf die Ankunft des neu eingeweihten Präsidenten zu warten. Wir brachten die Spürhunde mit und postierten

Männer und Frauen an den Eingängen, so wie ich es gemacht hätte, wenn der vorherige Staatspräsident zum Rugby ging. Ich sagte mir, Du hast jetzt einen neuen Präsidenten, für den die Mehrheit der Südafrikaner gestimmt hat, jetzt geh´ und mach deinen Job.

Nelson Mandela, der gerade den Amtseid geschworen hatte, flog die 60 Kilometer südlich nach Johannesburg. Dann würde er umkehren und zurückfliegen, um das Mittagessen für 184 Staatsoberhäupter zu veranstalten. Er war etwas spät dran, weil das Verfahren spät anlief - es war nicht seine Schuld, ich erfuhr später, dass er nie zu spät kam. Der Hubschrauber landete auf der Technikon, und von dort brachte ihn ein Fahrzeug um die Hausecke, die Fahrzeugrampe hinauf und direkt bis zu den Glastüren der Präsidentensuite. Die Beamten des südafrikanischen Fußballverbandes begrüßten den Präsidenten und zur Halbzeit ging er hinunter, um die Mannschaften zu begrüßen, und dann ging er durch den Tunnel auf das Feld, um die Menge zu begrüßen.

Er steigt wieder ins Auto und will gehen - es warten 184 Staatsoberhäupter auf ihn zum Mittagessen - und ich kann sehen, dass er versucht, aus dem Fahrzeug auszusteigen. Es ist ein 3,8 Tonnen schwerer gepanzerter BMW; man öffnet nicht einfach die Tür, man brauchst jemanden, der von außen scharf daran zieht. Also steigt er aus und geht, ohne ein Wort zu sagen, auf einen Oberst der südafrikanischen Polizei der alten Schule zu, der dort in seiner vollen Montur steht, Sterne und Abzeichen auf den Schultern. Je näher der Präsident kommt, desto größer werden die Augen dieses Mannes. Er streckt seine Hand aus und sagt: „Colonel, ich möchte nur, dass Sie wissen, dass Sie heute unsere Polizei geworden sind. Es gibt kein Ihr und Wir mehr.“ Dieser alte Mann fing an zu weinen, Tränen liefen ihm über das Gesicht. Madiba klopft ihm auf die Schulter und steigt wieder ins Auto.

Dies ist eine mächtige Erinnerung. Ich war damals Oberstleutnant und ich kann Ihnen sagen, als Mandela vor vier Jahren aus dem Gefängnis kam und sagte, wir seien ein Land, jeder schwarz und weiß, ich habe ihm nicht geglaubt. Dieser zynische alte Polizist dachte, ja, nun, das ist die offizielle Linie, du bist ein Politiker, natürlich wirst du das sagen.

Was ich gesehen habe, war ein sehr privater, sehr persönlicher Austausch. Es gab dort keine Presse, keine PR-Gelegenheit. Niemand schaut zu. Von diesem Tag an begann ich zu hinterfragen, was ich dachte und was mir beigebracht wurde. Mir wurde klar, dass er derjenige ist, der möglicherweise Südafrika vereinen kann, und er tat es. Es war der Tag, der mein Leben verändert hat."

GELD, WO DEIN MUND IST

Als er sein Amt antrat, bestand eine der ersten Handlungen von Mandela darin, sein Präsidentengehalt von R700.000 zu senken. Er und seine stellvertretenden Präsidenten nahmen 20 Prozent Lohnkürzungen vor und die Gehälter niedrigerer Beamter wurden um bis zu zehn Prozent gekürzt.

Er sagte, dies sei ein Beispiel für die Art von Haushaltsdisziplin, die das Land benötige, um die sozialen und wirtschaftlichen Probleme anzugehen, mit denen es konfrontiert sei. Die Euphorie der ersten demokratischen Wahlen und der neuen Dispensation wurde durch die Erkenntnis gedämpft, dass die südafrikanische Wirtschaft nicht nur reich, robust und effizient war, sondern sich in einer Notlage befand und dringend wieder aufgebaut werden musste. Die Auswirkungen der jahrzehntelangen Apartheid waren enorm - Ungleichheit in Bezug auf Einkommen und Vermögen; überwiegend weißes

Eigentum an Land, Unternehmen und anderen Ressourcen; mangelnde Bereitstellung von Diensten und Infrastruktur in schwarzen Gebieten; und ineffiziente Verdoppelung von staatlichen Diensten und Abteilungen.

Die Inflation war zweistellig und das Land hatte massive Staatsschulden. Für die neue Regierung erforderte die Bewältigung dieser Probleme Kürzungen bei den öffentlichen Ausgaben zu einem Zeitpunkt, an dem sie für die Beseitigung der Armut, die Schaffung von Arbeitsplätzen und die Finanzierung des Wiederaufbau- und Entwicklungsprogramms (EPLR) viel aufwenden musste. In seiner ersten Ansprache vor dem Parlament kündigte Mandela an, dass die Regierung in den ersten 100 Tagen Projekte des Präsidenten leiten werde, Programme, die sich auf wichtige Bereiche konzentrieren würden, in denen dringend Bedarf besteht. Diese priorisierten die kostenlose medizinische Versorgung von Kindern unter sechs Jahren und schwangeren Frauen, ein Ernährungsprogramm in verarmten Grundschulen und die Elektrifizierung von 350.000 Haushalten.

ES GEHT NUR UM DIE KINDER

In einer kühlen Nacht, nicht lange bevor er zum Präsidenten gewählt wurde, machte Nelson Mandela einen nächtlichen Spaziergang durch die Straßen von Kapstadt. Als er hinaustrat, kam eine Gruppe von Straßenkindern auf ihn zu. Seine Leibwächter versuchten, sie wegzujagen, aber Mandela sagte nein, er wollte mit ihnen sprechen. Die Kinder stellten ihm eine seltsame Frage: „Warum liebst du uns?"

Bongi Mkhabela, CEO des Nelson Mandela Kinderhilfswerks, erzählt die Geschichte: „Er wand sich hin und her und dachte an diese Kinder, die sich so ungeliebt fühlten, dass sie von den aufgebrachten Emotionen verwirrt waren. Da er nicht schlafen konnte, beschloss er in seinem eigenen Herzen, dass er, wenn er Präsident wird, eine Stiftung gründen wird, die den Umgang unserer Gesellschaft mit Kindern verändern würde. Das Kinderhilfswerk wurde wirklich in seinem Herzen geboren."

Bei der ersten Feier des Jugendtags am 16. Juni 1994 kündigte er die Einrichtung des Nelson Mandela Kinderhilfswerks (NMCF) an und versprach, jährlich ein Drittel seines eigenen Gehalts an dieses zu zahlen, um das Projekt zu starten. Er forderte andere auf, dasselbe zu tun. Er war der bemerkenswert effektivste Geldbeschaffer. Niemand konnte der Madiba-Magie widerstehen. Unternehmen und Einzelpersonen haben sich zusammengeschlossen, um den Fonds zu unterstützen. Mkhabela lächelt: Jeder CEO der Zeit wird Ihnen sagen, wann Mandela zum Frühstück anrief. Er sagte auch: „Bringen Sie Ihr Scheckbuch mit." Wenn Leute sagten, sie wollten ihm Geld geben, sagte er: „Stellen Sie den Scheck im Namen des Nelson Mandela-Kinderhilfswerks aus." Mitarbeiter aus dieser Zeit erinnern sich daran, dass er von einer Reise oder Veranstaltung zurückgekehrt war und seine Taschen nach Scheckes abgetastet hatte, um diese auszuhändigen.

Er sammelte Geld aus der ganzen Welt. Jeder wollte ein Stück von - und ein Bild mit - Madiba. Prominente strömten herbei, um den großen Mann zu treffen - Michael Jackson, die Black Eyed Peas, Denzel Washington, Annie Lennox, Elton John, Naomi Campbell, Beyoncé, Quincy Jones, Will Smith, Spike Lee und David Beckham, um nur einige zu nennen. Während die Stars ihre Fototermine bekamen, nutzte Mandela die Gelegenheit, um sie aufzufordern, seine Wohltätigkeitsorganisationen, insbesondere die NMCF, zu unterstützen. Nelson Mandela bat um

Hilfe für Südafrikas Kinder, die unter der Apartheid gelitten hatten. Wer könnte sie ihm verwehren?

Bei der offiziellen Auflegung des Fonds im Jahr 1995 eröffnete er mit den Worten: "Es kann keine schärfere Offenbarung der Seele einer Gesellschaft geben als die Art und Weise, wie sie ihre Kinder behandelt."

Der Fonds war ursprünglich eine Organisation, die Zuschüsse gewährt. Förderung einer humanitären Reaktion auf die Notlage der Kinder und Jugendlichen in Südafrika. Der „Handout"-Ansatz war nicht nachhaltig und der Fonds positionierte sich neu als Entwicklungsorganisation. Ein Kind wird immer im Kontext von Familie und Gemeinschaft gesehen. Heute konzentriert sich die NMCF auf das Überleben und die Entwicklung von Kindern im Rahmen der Initiative "Erste 1.000 Tage"; auf Schutz und Sicherheit durch das „Safe Schools-Programm"; und auf Jugendführung.

In den Büros des Fonds von Saxonwold ist der Stempel von Mandela klar. Es gibt Bilder von ihm, Fotos von ihm mit der ersten Tafel, mit Kindern. Am wichtigsten ist, dass sein Geist die Organisation leitet. Mkhabela sagt: „Wir leben nach den Werten, die er sich vorgestellt hat. Er war in allem, was er tat, sehr prinzipiell. Inklusion war sehr wichtig, wir sind für alle Kinder in ganz Südafrika, für alle Rassen, für behinderte Kinder da und wir engagieren uns auch für Mütter und Großmütter sowie lokale Führungskräfte. Wir haben erkannt, dass wir ein Ökosystem schaffen müssen, welches das Kind unterstützt. "

Sie gibt ein Beispiel dafür, wie ethisch er in seiner Führung war. Er wollte, dass der Fonds ein dauerhaftes Zuhause hat, ein eigenes Gebäude, aber das Kuratorium lehnte die Idee ab und sagte, dass das Geld, das er gesammelt hatte, für Kinder war und nicht für Ziegel und Mörtel verwendet werden konnte. Sie erinnert sich: "Er war zu der Zeit Vorsitzender und hätte es durchsetzen können, aber er tat es nicht. Er unterwarf sich der Herrschaft der Menschen, die er gebeten hatte, ihm bei der Gründung zu helfen. Er würde ihre Entscheidung ehren und respektieren. Er fragte, ob er das Geld für das Gebäude sammeln könne, sie stimmten zu, und er ging hinaus und tat es."

KOCHEN WIE FÜR EINEN KÖNIG

Brett Ladds war ein junger Koch, als er eine Pause bekam, die dazu führte, dass er für Könige, Königinnen und Promis kochte - und Nelson Mandela.

Bretts Mentor, Küchenchef Christian Michel, wurde vom Außenminister Pik Botha gebeten, das Presidential Guesthouse für die neue ANC-geführte Regierung zu übernehmen. Der baldige Präsident Mandela würde im Gästehaus bleiben, bis sein ständiger Wohnsitz fertig war. Es war ein kurzfristiger Auftritt, und Brett sollte mit ihm mitkommen.

Er erinnerte sich: „Es war so viel los. Aber ein paar Wochen nach der Einweihung beruhigten sich die Dinge. Ich würde das Abendessen für Madiba kochen und dann seine Leibwächter verköstigen. An manchen Abenden war er unterwegs und wenn um 18 Uhr keine Autos oder Leibwächter da waren, würde ich abschließen und nach Hause gehen. Eines Abends, relativ früh, schloss ich ab. Ich dachte, ich wäre alleine, und ich sang vor mich hin, während ich den langen Marmorgang entlang ging und da hörte ich seine Stimme: "Wer ist da?"

Ich wollte mich umdrehen und gehen, aber ich ging in den Raum und da war Präsident Mandela in einem großen grünen Ohrensessel. Ich sagte: "Sie sind es!" Es war das erste Mal, dass er mit mir sprach und ich hatte solche Angst, dass ich zitterte. Er fragte, warum ich so verängstigt war und ich platzte heraus: "Warum haben Sie uns noch nicht getötet?" Ich glaubte immer noch, was die Apartheid-Regierung uns gesagt hatte, ich dachte, Weiße würden getötet werden. Er lachte und sagte: "Wenn ich für gestern leben müsste, würde ich lieber heute sterben als morgen sehen." Er hat mich beruhigt und mir dafür gedankt, dass ich mich um ihn gekümmert habe.

Kurz nach dieser Interaktion wurde Ladds gefragt, ob er bleiben möchte. Mandela lebte alleine und der Koch wurde gebeten, in einen Flügel des Gästehauses zu ziehen.

Anfangs war es komisch. Nachts hörte ich ihn manchmal herumlaufen und ich ging los und fragte, ob er etwas brauchte, ob ich ihm Tee bringen könnte. Eines Abends kochte ich Abendessen und meine Frau versuchte, die Kinder zu organisieren. Unser Jüngster war ein Baby und Keagan war in der Vorschule. Er musste die Farben des Regenbogens für Hausaufgaben lernen. Es war Chaos.

Es klopfte an der Tür und es war Mandela. Er sagte: "Kann ich helfen?" Meine Frau versuchte, lässig zu sein, aber ich wusste, dass sie zehn Herzinfarkte hatte. Er kam herein und übernahm die Hausaufgaben, während ich kochte. Er brachte Keagan die Farben des Regenbogens bei und Keagan sagte: „Danke, Tata“. Es stellte sich heraus, dass sich die beiden bereits getroffen hatten.

Mein Sohn hat einen goldenen Stern für seine Regenbogenfarben bekommen und ist runtergerannt, um es Madiba zu zeigen, der gerade zu einem Staatsbankett ging. Er blieb stehen, um mit Keagan zu sprechen und ihm zu gratulieren. Es ist in die Zeitungen gekommen.

Es ist nur eine von vielen Geschichten, die Ladds über Mandelas Herzlichkeit und seine Sorge um andere, einschließlich der Mitarbeiter, erzählt. „Er war ein großartiger Zuhörer. Tatsächlich sprach er nicht viel, aber wenn er es tat, konnte man eine Stecknadel fallen hören", sagte Ladds.

Es gingen so viele berühmte Leute ein und aus und sie waren alle von Madiba beeindruckt, alle von ihnen. Sogar die Königin. Und der Papst - ich sah ihn herunterkommen und Madibas Arm nehmen, um ihm auf der Treppe zu helfen. Sie würden ihn als geliebten Ältesten behandeln.

Und die einfachen Leute auch. Ein Bauer kam am Tor an und sagte: „Ich habe diese Pilze auf meiner Farm für den Präsidenten gezüchtet."

GERECHTIGKEIT FÜR ALLE AM VERFASSUNGSGERICHTSHOF

Am 14. Februar 1995 legten 11 Richter, die in grünen Roben gekleidet waren, ihre Amtseide vor Nelson Mandela und Justizminister Dullah Omar ab. Südafrikas Verfassungsgerichtshof wurde förmlich eröffnet mit dem obersten Richter Arthur Chaskalson als Präsident. Es ist schwer, sich die Bedeutung dieses Tages in der Geschichte des Landes vorzustellen, und in seinem Rechtswesen.

Südafrikas Verfassungsgerichtshof war 1994 im Sinne der Interimsverfassung von 1993 errichtet worden. Es war ein neues Gericht, um die Verfassung und die fundamentalen Menschenrechte zu schützen. Es ist die höchste Justizbehörde des Landes in allen konstitutionellen Fragen und ist die

Schlüsselinstitution unserer konstitutionellen Demokratie.

Bei der Einweihung des Verfassungsgerichts im Jahr 1995 sagte Nelson Mandela Folgendes:

Das letzte Mal, als ich vor Gericht erschien, war um zu hören, ob ich zum Tode verurteilt werden würde oder nicht. Zum Glück für mich und meine Kollegen waren wir es nicht. Heute erhebe ich mich nicht als Angeklagter, sondern im Namen der Menschen in Südafrika, um ein Gericht zu eröffnen, das Südafrika noch nie hatte und von dem die Zukunft unserer Demokratie abhängt.

Es ist nicht nur ein Gebäude, das wir einweihen, obwohl es schön ist. Es ist kein Körper weiser Männer und Frauen, den wir auf ihren Weg bringen, wenngleich wir ihre Arbeit als wichtig erachten. Es ist nicht nur unser Segen, den wir ihrer Arbeit geben, da wir uns ihrer Integrität und ihrem Engagement für Gerechtigkeit sicher sind. Es ist eine Institution, die wir aufbauen - Südafrikas erstes Verfassungsgericht.

Leute kommen und Leute gehen. Bräuche, Moden und Vorlieben ändern sich. Das Netz der Grundrechte und der Gerechtigkeit, das eine Nation verkündet, darf jedoch nicht gebrochen werden. Es ist die Aufgabe dieses Gerichts, dafür zu sorgen, dass die Werte der Freiheit und Gleichheit, die unserer Interimsverfassung zugrunde liegen - und die sicherlich in unserer endgültigen Verfassung verankert werden - gepflegt und geschützt werden, damit sie Bestand haben.

Denken Sie daran, dass die Justiz bis 1994 überwiegend weiß und männlich war. Angesichts dessen und der Geschichte der Apartheidgesetze stellte sich die Frage nach der Legitimität und wie alle Gemeinschaften einen echten Sinn für Gerechtigkeit erfahren und fühlen könnten. Mandelas Eröffnungsrede wurde mit folgenden Worten fortgesetzt:

Kein Amt und keine Institution kann höher sein als das Gesetz. Die Höchsten und Bescheidensten im Land sind ausnahmslos demselben Dokument und denselben Grundsätzen verpflichtet. Es spielt keine Rolle, ob man schwarz oder weiß, männlich oder weiblich, jung oder alt ist; ob man Tswana oder Afrikaans spricht; ob man reich oder arm oder in einem intelligenten neuen Auto fährt oder barfuß geht; ob man eine Uniform trägt oder in einer Zelle eingesperrt ist. Wir alle haben bestimmte Grundrechte, und diese Grundrechte sind in der Verfassung festgelegt.

Das Verfassungsgericht brauchte ein neues Zuhause. Der Ort, der ausgewählt wurde, war die berüchtigte Nummer Vier, das Old Fort Prison in

Braamfontein, Johannesburg. Ein Ort, der von Apartheidgeschichte und Ungerechtigkeit durchdrungen ist, wurde in einen Ort der Gerechtigkeit und Gleichheit verwandelt. Das Gebäude selbst ist wunderschön und voller Symbolik. Das Gerichtsgebäude enthält 150.000 Ziegel aus dem abgerissenen, Untersuchungshaftblocks des ehemaligen Gefängnisses. Es wurde zum Thema „Gerechtigkeit unter einem Baum“ entworfen, einer traditionellen Form der Streitbeilegung. Lichtstrahlen treten wie durch Blätter in einem Wald in das Foyer ein. Der Baum ist auch im Logo des Gerichts dargestellt.

Am Eingang stehen die Worte „Verfassungsgericht“ in den elf Amtssprachen Südafrikas. In die Türen zum Gericht sind die 27 Rechte der Bill of Rights eingraviert. Ein Treppenhaus aus dem Gefängnis trägt die portugiesischen Worte *„A luta continua“* (der Kampf geht weiter). Die Betonbalken des Daches sind mit den Worten "Menschenwürde, Gleichheit und Freiheit" in Mustern der Handschrift jedes Richters beschriftet, der während des Baus des Gerichts amtierte.

Am Tag der Menschenrechte, dem 21. März 2004, wurde das ständige Zuhause des Gerichtshofs von Präsident Thabo Mbeki,

Mandelas Nachfolger, eingeweiht. 27 Kinder, die 1994, dem ersten Jahr der Demokratie in Südafrika, geboren wurden, rezitierten die Bill of Rights in den elf Amtssprachen des Landes.

Der Bezirk Constitution Hill und das Gericht selbst bilden eine beliebte Attraktion für Touristen und Südafrikaner. Besucher werden mit Einsicht und Verständnis für die komplexe und vielschichtige Geschichte des Ortes belohnt, genießen seine durchdachte Architektur und seine Sammlung von über 200 Kunstwerken von Künstlern wie Cecil Skotnes, Gerard Sekoto und William Kentridge.

Verpassen Sie bei Ihrem Besuch nicht die Wand „We the People“, die sich über den gesamten Constitution Square erstreckt und die Meinungen der Besucher des Constitution Hill aufzeigt. Einer der Mitwirkenden ist kein anderer als der Mann, der das Verfassungsgericht eröffnet hat, der frühere Präsident Nelson Mandela.

WIEDERVEREININGUNG AUF ROBBEN ISLAND

Wenn Sie heute Robben Island besuchen führt Sie die Tour an dem berühmten Kalksteinbruch vorbei, in dem politische Gefangene Steine brachen und den Kalk schaufelten, der zum Tünchen von Häusern und zum Pflastern der Straßen der Insel verwendet wurde.

In der Nähe des Eingangs zum Steinbruch befindet sich ein Steinhügel oder eine Felsengruppe. Steinhügel wurden seit der Antike von Menschen als Denkmäler oder Wahrzeichen hergestellt. Ihr Reiseleiter - sie sind alle ehemalige politische Gefangene - wird Ihnen die Geschichte dieses besonderen Steinhaufens erzählen...

Am 11. Februar 1995, fünf Jahre nach Nelson Mandelas Freilassung, fand auf Robben Island ein Treffen von 1.300 ehemaligen politischen Gefangenen statt. Es war eine emotionale Erfahrung, den Ort, an dem sie eingesperrt waren, erneut zu besuchen und sich wieder mit bekannten und unbekannten Mitgefangenen zu verbinden.

Der Besuch des Steinbruchs muss für diese Männer besonders schmerzhaft gewesen sein. Hier verrichteten die Gefangenen unter der prallen Sonne und im kühlen Wind vor dem Atlantik mühsame Arbeit. Der vom weißen Stein reflektierte Glanz beschädigte die Augen und der Steinbruchstaub setzte sich in der Lunge ab. Viele Gefangene, einschließlich Mandela, entwickelten infolgedessen Augen- und Atemprobleme.

Gleichzeitig war der Kalksteinbruch der Ort, an dem Mandela und seine Kollegen lernten und lehrten, diskutierten und Strategien entwickelten. Es war das Zentrum von „The University".

Mandela kehrte als freier Mann und Präsident eines demokratischen Südafrikas in den Steinbruch zurück und legte spontan einen Stein in die Nähe des Steinbrucheingangs. Andere ex-politische Gefangene folgten diesem Beispiel. Bald gab es einen kleinen Haufen von Steinen; jeder von ihnen wurde von einem Mann dort hingelegt, der ein Stück seines Lebens für die Schaffung eines freien und demokratischen Südafrika aufgewendet hatte.

ES WAR DIE ZEIT MEINES LEBENS...

Vanessa Mitchell arbeitet seit 1997 auf Robben Island. Sie war Reiseleiterin, als Nelson Mandela am 24. September 1997 die Insel besuchte, um das Robben Island Museum offiziell zu eröffnen. Vanessa wurde beauftragt, ihn vom Hubschrauberlandeplatz abzuholen und in die Gefängnishalle zu fahren. Sie erzählt die Geschichte:

„Ich habe ihn abgeholt. Frag mich nicht, wer noch da war, ich erinnere mich an niemanden außer an ihn und mich. Aber wir waren auf dem Weg und sie funkten mich an und sagten: "Fahren Sie ihn einfach ein bisschen herum, weil die Gäste noch nicht angekommen sind." Also fuhr ich ihn herum und herum. Und er sagte: „Warum fahren wir herum und herum?" Ich erklärte, warum ich es tun musste, und er sagte: „Nein, meine Liebe, bring mich einfach in die Gefängnishalle."

Sie wissen, wie er Kinder liebte. Auf dem Weg zur Eröffnung des Museums schnappte er sich das Baby eines meiner Kollegen, eines Kindes von ungefähr einem Jahr, und ging mit dem Baby hinein und führte die Zeremonie so durch.

Dann musste ich ihn zurücknehmen. Er erinnerte sich an meinen Namen, als ich mich vor der Zeremonie vorstellte. Dann stieg er aus und ging weg und drehte sich dann um und sagte: „Wirst du mich nicht bitten, ein Foto mit dir zu machen?" Ich hatte meine Kamera in der Tasche, wollte aber nicht fragen. Ich war höflich und er erkannte das und beruhigte mich.

Ich war überwältigt von ihm. Es war mir eine Ehre, ihn abzuholen, um ihn dorthin zu bringen, und für ihn, mich zu fragen, ob ich ein Foto wollte. Es war bei jemandem von seinem Format unerhört.

VEREINIGT IN RUGBY

Es gibt ein ikonisches Foto, das fast jeder Südafrikaner kennt - Nelson Mandela in grün-goldenem Trikot und Mütze, der Springbok-Kapitän Francois Pienaar den Webb Ellis Cup überreicht. Mandela hat seine Hand auf der Schulter des Kapitäns und gratuliert ihm. Pienaar strahlt. Es ist ein außergewöhnlicher Moment - das neu demokratische Südafrika hat 1995 die Rugby-Weltmeisterschaft gewonnen.

Rugby war traditionell eine fast ausschließlich weiße Sportart, die stark mit Afrikanern verbunden war. Es war ein Symbol für die Apartheid in Südafrika. Internationale Sportsanktionen beschränkten die Spielmöglichkeiten für südafrikanische Mannschaften drastisch, und wenn sie spielten, unterstützten grundsätzlich viele Südafrikaner die gegnerische Seite.

Doch 1995 sollte Südafrika die Welt bei der wichtigsten Veranstaltung im internationalen Rugby-Kalender empfangen. Worauf würde sich die Mehrheit der Südafrikaner beziehen, wenn ein Haufen großer Weißer ineinander donnert?

Mit seiner außergewöhnlichen Mischung aus politischer Scharfsinnigkeit und menschlicher Note verwandelte Mandela das, was ein irrelevantes oder sogar spaltendes Sportereignis hätte gewesen sein können, in einen bemerkenswerten Akt zur Förderung des nationalen Zusammengehörigkeitsgefühls. Er behauptete, die Springboks seien "unser" Team, der "Amabokoboko", der das gesamte neue Südafrika vertrete.

Das Springbok-Team lernte die neue Nationalhymne "Nkosi Sikele` iAfrika", die sie vor dem Finale sangen. Mandela trug das Teamtrikot.

Die Menge - hauptsächlich die traditionelle Bevölkerungsgruppe der weißen Afrikaner - sang seinen Namen. Und das Team gewann 15-12 gegen die All Blacks in der Verlängerung und versetzte die Nation in einen Rausch der Feierlichkeiten.

MILCHTORTE IN ORANIEN

Im August 1995 erhielt die kampferprobte Amina Cachalia eine Einladung, ihren lieben Freund Nelson Mandela zu einem Besuch bei einer alten Frau am Nordkap zu begleiten.

Cachalia hatte ihre Vorbehalte gegen den Besuch. Die alte Frau war Betsie Verwoerd, die Ehefrau des ehemaligen Premierministers Hendrik Verwoerd, des „Architekten der Apartheid". Und das Ziel war Orania, eine weiße Enklave, die von hartgesottenen Afrikanern auf privatem Land in der Karoo gegründet wurde.

Aber sie kam auf die Idee, wie sie in ihrer Autobiografie *When Hope and History Rhyme* schrieb: „Ich sollte auf meine Skepsis hinweisen, die zu den vergangenen Jahren meiner Welt gehörte... Mir wurde klar, dass wir an der

Schwelle eines Neuanfangs standen. Ich war glücklich und stolz, auf dieser Reise nach Orania an seiner Seite zu sein."

Nach dem ersten Besuch von Veronica Sobukwe, der Witwe von Robert Sobukwe, in Alice am Ostkap flogen Mandela, Cachalia und Albertina Sisulu nach Orania, wo sie im Gemeindezentrum empfangen wurden.

Es ist ein Bild, das an das Surreale grenzt - Nelson Mandela und Betsie Verwoerd unterhalten sich bei Tee und Kaffee, Melktert (Milch-Tarte) und Koeksisters (fritiertes Gebäck) in Begleitung der Verwoerd-Tochter Anna und natürlich Cachalia und Sisulu. Verwoerds Schwiegersohn, Carel Boshoff, der Gründer von Orania, schwebte herum.

„Ich habe mich sehr darauf gefreut", sagte Mandela anscheinend zu einer lächelnden Betsie Verwoerd, 94, „ich bin froh, hier zu sein."

Verwoerd hatte einmal das Leben einer First Lady in wunderschönen offiziellen Residenzen in Pretoria und Kapstadt geführt. Nelson Mandela hatte aufgrund der Politik ihres Mannes 27 Jahre im Gefängnis verbracht. Und jetzt lebte Mandela in ihrem einstigen Zuhause und sie lebte im selbst auferlegten Exil in einem staubigen Dorf mitten im Nirgendwo.

Nach dem Tee ging diese seltsame Gruppe zum Denkmal für Verwoerd. Mandela posierte daneben. Als Cachalia die Geschichte erzählt: „Oben auf einem Felsenhügel stand diese winzige Statue des Mannes, der unser Leben mit eiserner Faust regiert hatte. Madiba - ein Riese – stand und sah auf diese kleine Statue hinunter und witzelte: "Ich wusste nicht, dass er so klein war." Ich verkniff mir einen Lachanfall, indem ich mich nach Ablenkung umgesehen habe.

Mandela widmete sich der Idee der Versöhnung und war ein Meister der großen symbolischen Geste. Der Besuch bei Betsie Verwoerd wurde von einigen als großzügige Geste der Rassenversöhnung in einer turbulenten Zeit begrüßt. Andere meinten, Mandela habe seine Versöhnungsbemühungen zu weit gebracht. Immerhin war es Verwoerd, der die Ideen der Apartheid aufgegriffen und die Gesetze geschaffen hatte, die den Schwarzen das Recht auf Staatsbürgerschaft verweigerten und sie zu einer hoffnungslosen Erziehung verurteilten.

Als sie für die letzte Etappe ihrer Reise zum Flugzeug zurückkehrten - um Nokukhanya Luthuli, die Witwe von Chief Albert Luthuli, zu besuchen - atmete Amina Cachalia erleichtert auf und sagte zu Mandela: „Bring mich nie wieder hierher.“ Er warf seinen Kopf zurück und lachte.

TANZEN MIT DER KÖNIGIN

Nicht viele würden es wagen, Königin Elizabeth II. anders als "Eure Majestät" zu nennen. Und niemand würde davon träumen, sie als "Elizabeth" anzusprechen. Prinz Philip, der Herzog von Edinburgh, allein hat diese Ehre. Nun, Prinz Philip und Nelson Mandela. Madiba stand bekanntlich nicht auf Zeremonien um die britische Monarchin, die er offenbar eher bewunderte. Sie schien seine Vertrautheit nicht zu stören – vielleicht war es eine Abwechslung zu der üblichen Formalität.

Während Mandelas Staatsbesuch in Großbritannien im Jahr 1996 veranstaltete er anstelle eines traditionellen Staatsbanketts, um auf die Gastfreundschaft der Königin zu antworten - er blieb als Ehrengast im Buckingham Palace - einen Abend mit Musik und Tanz, um Geld für seinen Nations Trust zu sammeln, um Schulkindern bei sich zu Hause zu helfen. Es war eine All-Star-Veranstaltung - Tony Bennett, Quincy Jones, Phil Collins, Hugh

Masekela und Benjamin Zephaniah waren unter den Darstellern - in der Royal Albert Hall (die Mandela anscheinend als "dieses große runde Gebäude" bezeichnete).

Der Höhepunkt des Abends war die südafrikanische A-capella-Gruppe Ladysmith Black Mambazo. Als sie auf die Bühne kamen, stand Nelson Mandela, gekleidet in ein schwarzes Seidenhemd, für seinen üblichen Madiba-Tanz auf - in der Royal Box! Der Prinz von Wales schaukelte und klatschte. Der Herzog von Edinburgh schloss sich an, gefolgt von der Königin, die nach den Worten des Daily Telegraph vom nächsten Morgen "selten dafür bekannt war, Boogie in der Öffentlichkeit zu tanzen.“

Nelson Mandela hatte die Königin auf die Tanzfläche gebracht! Robin Renwick, damals britischer Botschafter in Südafrika, bemerkte in seinen damaligen Memoiren trocken: "Dies war eine Meisterleistung, die kein anderer Weltführer hätte vollbringen können."

WOZA NELSON MANDELA, WILLKOMMEN PRINZ CHARLES

Mandelas Besuch in Brixton, London, war etwas zwischen einem königlichen Besuch und einem Karneval. Mehr als 10.000 Menschen - viele mit Madibas Gesicht auf ihren T-Shirts - haben die Straßen blockiert. Auf einem Banner im Brixton Recreation Center stand: "Woza Nelson Mandela, Willkommen Prinz Charles".

Geschäfte, Häuser und Balkone waren dekoriert und mit Willkommensschildern geschmückt. Reggae-Musik aus Soundsystemen, die mit Chören und den Rufen von Brixton-Händlern konkurrierten, die Videos von Mandelas Freilassung aus dem Gefängnis verkauften. Jungen und Mädchen, die zu diesem Anlass von der Schule ferngehalten worden waren, kletterten Straßenmasten hoch, um eine bessere Sicht zu erhalten. Die Einheimischen kamen in ihrer besten afrikanischen Kleidung aus ihren Häusern heraus. Als sie endlich einen Blick auf ihren Helden erhielten, brachen einige der versammelten Fans in Tränen aus.

Mandela hatte darauf bestanden, Brixton auf die Liste der Orte zu setzen, die er auf seiner

Wirbelsturm-Tour 1996 durch London besuchen sollte. Das weitgehend schwarze Viertel war oft eine Brutstätte rassistischer Spannungen und 1981 Schauplatz von Unruhen gewesen. Viele Einwohner von Brixton hatten Vorurteile und Intoleranz erlitten, und das Gebiet war während der Jahre des Kampfes ein Zentrum der Anti-Apartheid- und Antirassismus-Aktivitäten.

Mandela sagte damals: „Die Massen der Menschen in diesem Land standen an der Spitze unseres Kampfes. Ich freue mich darauf, nach Brixton zu fahren, um ihnen für ihre Hilfe zu danken." Die New York Times kommentierte: „Es wurde offiziell als Staatsbesuch bezeichnet, aber... Nelson Mandelas viertägiger Triumphzug durch London sah eher wie eine Krönung aus." Als der „König" dieser Krönung darauf bestand, ein wenig zu gehen, wurde er von der Menge begeistert aufgenommen. Zeitungen berichteten, dass die Sicherheitslage beunruhigend wurde, als jemand ein Mädchen über das Geländer hielt, um Mandela Blumen zu reichen. Mandela und Prinz Charles wurden in das Auto gebracht und gingen zum South Africa House am Trafalgar Square, wo Mandela eine Rede halten sollte.

Die leidenschaftliche Menge verfolgte sie. Als das Auto weg war und sich die jubelnde Menge zerstreut hatte, blieb ein Durcheinander von

Schuhen übrig, das sich über die gesamte Länge der Brixton Road erstreckte und von ihren Besitzern auf der Suche nach ihrem Helden Nelson Mandela zurückgelassen wurde.

NACH EINEM TRAUM GREIFEN

Ahmed Kathrada erzählt eine Geschichte, die die Liebe von Präsident Mandela zu Kindern und seine Fähigkeit, eine große Geste zu machen, veranschaulicht.

Kathrada begleitete Nadine Gordimer auf einer Tour durch Robben Island, als ein junges Mädchen ihn bat, mit ihr für ein Foto zu posieren. Er erfuhr, dass das Kind, Michelle Brits, an Leukämie erkrankt war und dass ihr Besuch auf Robben Island von der Reach for a Dream Foundation arrangiert worden war, um ihren liebsten Wunsch teilweise zu erfüllen. Der andere Wunsch des Mädchens war es, Präsident Mandela zu treffen.

Als er nach Hause zurückkehrte, erzählte Kathrada Madiba die Geschichte und fragte, ob er dafür sorgen könne, dass Michelle ihn in seinem

Haus oder Büro besucht. „Seine Antwort war echt und klassisch Mandela", schrieb Kathrada.

„Ich denke nicht, dass wir diesem jungen Mädchen die Mühe machen sollten, den ganzen Weg zu mir zu kommen. Lass uns lieber zu ihr gehen", schlug Mandela vor.

Und so stieg der Präsident mit seinem bereits überfüllten Zeitplan in ein Flugzeug und flog nach Secunda in Mpumalanga, um den Traum eines schwerkranken Kindes zu erfüllen. Es stellte sich heraus, dass die ganze Stadt ihn willkommen hieß und für ihre Genesung betete.

Kathrada beschreibt das emotionale Treffen zwischen diesem jungen Afrikaans-Mädchen und dem älteren schwarzen Präsidenten: „Als sie ihre kleinen Arme um seinen Hals schlang und ihn küsste, müssen sich die Augen von Millionen genauso wie meine mit Tränen gefüllt haben..."

"ASIMBONANGA" - WIR HABEN IHN NICHT GESEHEN...

Es gibt ein YouTube-Video von Johnny Clegg und Juluka auf einem internationalen Symposium über Afrika in Deutschland im Jahr 1997, das über 6 Millionen Mal angesehen wurde. Clegg präsentierte das Lied „Asimbonanga“: „1986 befand sich Südafrika im Ausnahmezustand und es wurde ein sehr intensiver kultureller Kampf geführt. Und wir waren ein Teil davon. Dies ist ein Lied, das wir für einen der größten Südafrikaner geschrieben haben, der je gelebt hat, Nelson Mandela, und wir möchten die Show heute Abend mit einer Hommage an ihn eröffnen...“

Die Band greift das Lied auf, das über Nelson Mandelas Inhaftierung auf Robben Island geschrieben wurde:

Asimbonanga (wir haben ihn nicht gesehen)

Asimbonang 'umandela thina (wir haben Mandela nicht gesehen)

Laph'ekhona (an dem Ort, an dem er ist)

Laph'ehleli khona (an dem Ort, an dem er aufbewahrt wird)

Als Clegg singt, erscheint der Mann selbst, zur absoluten Freude der Menge, hinter ihm auf der Bühne, ohne dass Clegg ihn sieht.

Clegg beschreibt es so: „Wir beginnen den Refrain und die Menge brüllt, ungefähr 1.500 Leute, und ich denke: „Wow, sie kennen mein Lied“. Mit mehr Begeisterung mache ich weiter und mitten im Vers gibt es eine andere Art von

Massenanerkennung und eine Welle, und ich denke, was ist los? Ich drehe mich um und hinter mir wird Nelson Mandela von meiner Backgroundsängerin Mandisa Dlanga auf die Bühne geführt.

Als er die Geschichte 20 Jahre später erzählt, schüttelt Clegg ungläubig den Kopf bei der Erinnerung: „Es war ein Moment, der psychisch völlig destabilisierend war. Ich hatte keine Ahnung, dass er überhaupt auf der Konferenz war. Ich beendete das Lied und ging zu ihm rüber und sagte: „Willst du etwas sagen?" Und er sagte diese wundervolle Zeile: „Es sind Musik und Tanz, die mich mit der Welt in Frieden bringen. Und in Frieden mit mir selbst."

Und dann sagt Mandela: „Aber ich sehe dort hinten nicht viel Bewegung. Lass es uns einfach wiederholen!“ Die Band spielt den Refrain erneut, die Menge ist jetzt auf den Beinen, der ältere Madiba macht seinen unverwechselbaren Shuffle. Und dann verlassen die beiden Männer Arm in Arm die Bühne.

Clegg beschreibt den außergewöhnlichen Lauf dieses Liedes, das in einer Zeit großer Gewalt und Unterdrückung geschrieben wurde. Es wurde in Südafrika verboten, konnte also nicht im Radio gespielt werden, wurde aber in den Townships zu einem Underground-Hit.

Ich war mit meiner Band in einem heruntergekommenen Haus in Bertrams und habe geprobt. Wir haben gehört, dass zwei oder drei Jugendliche aus der Gemeinde von der Armee erschossen wurden. Ich dachte mir, dies ist die Entstehung eines Bürgerkriegs, wenn die Armee ihre eigenen Bürger erschießt. Ich war so deprimiert, dass ich, als die Jungs zum Mittagessen gingen – Russisch und Pommes und frisches Weißbrot - blieb und meine Gitarre zur Hand nahm.

Ich habe mich gefragt, wie ich über Nelson Mandela und seine Inhaftierung schreiben kann, nicht als Propagandist, sondern auf eine Weise, die die Leute dazu bringt, aus einem anderen Blickwinkel darüber nachzudenken. Als Künstler der Apartheid hatten wir große Debatten über Kultur als Waffe. Kunst ist für mich keine Waffe, der Künstler muss mit völliger Freiheit zum Thema kommen und seinen eigenen Blickwinkel finden, um das Besondere im Universellen und das Universelle im Besonderen zu finden.

Ich kam auf das Konzept, dass das, was alle miteinander verband, ob Sie rechts oder links, marxistisch, kapitalistisch oder rassistisch waren, war, dass wir nicht wussten, wie er aussah. Asimbonanga, wir haben ihn nicht gesehen.

Ich habe das Konzept der Insel verwendet, bin aber zu John Donne zurückgekehrt: „Niemand ist eine Insel“. In dem Gedicht schreibt er, dass jeder Mensch, der stirbt, wie ein Erdklumpen ist, der vom Kontinent kommt. Solange Mandela auf Robben Island war, waren wir alle Inseln, wir konnten nicht eine Gesamtheit sein.

Als ich diese Worte schrieb, ahnte ich nicht, dass ich 11 Jahre später in einem anderen Land sein würde und der Mann, über den ich sang, mit mir singen und tanzen würde. In dem Moment, als ich mich umdrehte und ihn sah, kamen all diese Dinge zusammen. Dieser Moment ist der Höhepunkt meiner Karriere als Songwriter, als jemand, der sich hinsetzte und Texte ausarbeitete, um eine Geschichte zu erzählen, die selbst konservative Weiße dazu bringen könnte, ein wenig darüber nachzudenken, wie wir diese von uns geschaffene Trennung überwinden können. Es war, als würde das Universum „gut“ sagen. Und unglaublich, sie haben es gefilmt!

ZWEI PRÄSIDENTEN

Die Amtszeiten von Mandela und Bill Clinton überschnitten sich. Die beiden Führer trafen sich bei vielen Gelegenheiten, von ihrer ersten Begegnung auf dem Nationalkongress der Demokratischen Partei 1992 bis 2012 an, als Bill und seine Tochter Chelsea Mandela in seinem Haus besuchten.

Der Journalist Rich Mkhondo berichtet von einem Empfang im Weißen Haus, an dem Mandela mit schwarzen religiösen und pädagogischen Führern auf dem Höhepunkt des Skandals um Clintons Affäre mit der Praktikantin Monica Lewinsky teilnahm.

Bei der Veranstaltung gab Mandela seine Absicht auf, sich nicht in den Skandal einzumischen. „Wir sind uns der nationalen Debatte bewusst, die in diesem Land über den Präsidenten stattfindet, und es ist nicht unsere Aufgabe, sich in diese Angelegenheit einzumischen. Wir möchten jedoch sagen, dass Präsident Clinton ein Freund Südafrikas und Afrikas ist. Und ich glaube, der Freund der großen Masse der Schwarzen und der Minderheiten und Behinderten der Vereinigten Staaten“, sagte Mandela zu Applaus. „Wir haben oft gesagt, dass unsere Moral es uns nicht erlaubt, unsere Freunde im Stich zu lassen. Und wir werden heute Abend zweifellos sagen: Wir denken an Sie in dieser schwierigen und entmutigenden Zeit in Ihrem Leben."

Clinton sagte, dass Mandela sehr standhaft wäre, wenn sein Land eine Position hätte, die nicht mit der amerikanischen Position übereinstimmt. Die beiden Männer mögen sich streiten, aber wenn sie sich nicht streiten, sind sie Freunde. Sie sprachen über das Leben, Kinder, den Umgang mit Emotionen. Sie sprachen oft am Telefon, sagte Clinton: „Früher haben wir regelmäßig telefoniert, und wegen des so großen Zeitunterschieds nahm ich den Anruf oft nachts entgegen. Und wenn es nicht zu spät war, brachte mich Mandela jedes Mal, wenn er anrief dazu, Chelsea zu holen, und er sprach mit ihr und fragte sie, ob sie ihre Hausaufgaben gemacht habe."

HALLO, NACHBAR

Im grünen Vorort Houghton in Johannesburg könnten die Bewohner an einem Samstagnachmittag von einem Mann gestört werden, der Besen und Staubtücher verkauft, oder vielleicht von jemandem, der Arbeit sucht. An diesem besonderen Samstag Ende der neunziger Jahre kündigte die Glocke einen Besucher an, der sagte, dass der Präsident einen Anruf tätigen möchte.

Es schien eher unwahrscheinlich. Die Hausbesitzerin schaute aus dem Fenster, um zu überprüfen, was los war. Vielleicht war es eine Art Scherz oder ein opportunistischer Verbrecher. Und dann hörte sie diese berühmte Stimme - ja, es war der hochkarätige neue Bewohner des Vorortes, Nelson Mandela.

Die Bewohner dieser Houghton Street sahen ziemlich viel von ihrem berühmten Nachbarn. Er ging oft auf der Straße spazieren. Auf seinen Spaziergängen unterhielt er sich mit Gärtnern, die Rasen mähten oder Bäume fällten, und mit Hausangestellten, die zur Arbeit gingen. Gelegentlich besuchte er seine Nachbarn überraschend, zeigte Interesse an ihrem Leben und fragte insbesondere nach ihren Familien. Der Nachbar Mike Jacklin erwähnte, dass sein Sohn in London lebte, und Mandela forderte ihn auf, ihm zu sagen, er solle zurückkommen. Und dann rief er den jungen Mann selbst an, rief London an, vom Wohnzimmer seines Vaters aus, in Houghton.

Er lud gelegentlich Nachbarn in sein Haus ein. Es gibt wertvolle Erinnerungen und Fotos von Kindern, die mit Madiba und Graça Tee trinken.

MANDELA IM ALTER

SPÄT BLÜHENDE LIEBE

An seinem 80. Geburtstag heiratete Nelson Mandela Graça Machel. Wie alle Lebensgeschichten von Mandela war die Romanze eine bemerkenswerte Geschichte. Sie war die Witwe des mosambikanischen Präsidenten Samora Machel, der 1986 bei einem mysteriösen Flugzeugabsturz in Südafrika ums Leben kam. Siebenundzwanzig Jahre jünger als Mandela hatte sie eine Ausbildung zur Soldatin in Frelimo, der mosambikanischen Befreiungsbewegung, absolviert und war die erste Bildungsministerin Mosambiks nach der Unabhängigkeit von Portugal. Und er, 27 Jahre im Gefängnis, zweimal verheiratet, Ex-Präsident - nun, er war Nelson Mandela.

Sie trafen sich zum ersten Mal, als Mandela, der gerade aus dem Gefängnis entlassen wurde, Mosambik besuchte. Zwei Jahre später, als sie sich in Kapstadt wieder trafen, wurde Mandela von Winnie getrennt. Ihre Freundschaft wuchs und blühte. Graça war in vielerlei Hinsicht die perfekte Begleiterin für Mandela. Wie er hatte sie lange Jahre des Kampfes und Leidens gekannt und für Würde und Gerechtigkeit gekämpft. Und dann war da noch ihr Intellekt und ihre Integrität, ihre warme, lebhafte Art und ihr Engagement für die Probleme der Kinder.

Es dauerte nicht lange, bis er offen davon sprach, verliebt zu sein. Als sie zusammen reisten, hielt er ihre Hand. Oder gab ihr einen Kuss. Sie machten einen Spaziergang durch die Nachbarschaft in der Nähe seines Hauses, seinen Arm um ihre Schultern gelegt. Der stattliche Mandela zeigte alle Anzeichen von Verliebtheit.

„Ich kann meine Freude und mein Glück nicht beschreiben, die Liebe und Wärme einer so bescheidenen, aber liebenswürdigen und brillanten Frau zu empfangen", schrieb Mandela damals. „Es gibt mir unglaublichen Trost und Befriedigung zu wissen, dass es irgendwo im Universum jemanden gibt, auf den ich mich verlassen kann, insbesondere in Bereichen, in denen meine politischen Kameraden mich nicht versorgen können."

Eine Ehe kam jedoch nicht in Frage. Machel hatte ihr eigenes Leben, ihre eigene Familie und Verantwortung in Mosambik. Und außerdem, wer wusste, wie Südafrikaner oder Mosambikaner auf eine solche Vereinigung ihrer verehrten Führer reagieren würden? Erfreut, wie sich herausstellte. Wer liebt denn keine Liebesgeschichte? Der Zerfall von Mandelas Ehe mit Winnie war zutiefst schmerzhaft gewesen und obwohl er eine der beliebtesten Figuren der Welt war, war er einsam gewesen. Die Südafrikaner waren im Großen und Ganzen begeistert, ihn so glücklich zu sehen. Und wenn irgendein Mann ein würdiger Begleiter für die geliebte ehemalige First Lady der Mosambikaner sein sollte, war es sicherlich Nelson Mandela. Die Bürger beider Länder freuten sich über diese romantische Wendung.

Eine kleine private Hochzeit wurde heimlich für den Tag von Mandelas 80. Geburtstag, dem 18. Juli 1998, arrangiert. Familie und eine Handvoll Freunde - Ahmed Kathrada und die Sisulus und der ehemalige Wärter Christo Brand unter ihnen - waren Zeugen, wie das Paar den Segen im jüdischen, muslimischen und hinduistischen Glauben erhielt und wie die Hochzeit durch den methodistischen Bischof Mvume Dandala vollzogen wurde, unterstützt vom pensionierten Erzbischof Desmond Tutu, der das Paar seit langem sanft unter Druck gesetzt hatte, die Dinge offiziell zu machen. Erstaunlicherweise war nur ein Journalist anwesend, Jon Qwelane.

Die 80. Geburtstagsfeier am nächsten Tag war gleichzeitig ein riesiges Hochzeitsfest. Es hätte nicht unterschiedlicher sein können als die intime Zusammenkunft vom Vortag. Es war ein

Who-is-Who südafrikanischer Politiker und Promis, Familie und Freunde sowie internationaler Würdenträger. Nina Simone war da und Michael Jackson. Thabo Mbeki hielt eine Rede und zitierte König Lear. Mandelas Rede sprach von Südafrikas Kindern und würdigte besonders diejenigen, die sie betreuten und pflegten. Achtzig Kinder zündeten die Kerzen auf seinem Kuchen an. Stevie Wonder führte die 2.000 Gäste in einer mitreißenden Darstellung von „Happy Birthday" an, und der Mann des Augenblicks machte seinen berühmten Madiba-Jive.

Und als er seine Ausführungen mit „Meine Frau und ich..." eröffnete, explodierte der Raum unter tosendem Applaus.

OPRAHS GESCHENK

„Wenn du Nelson Mandela zu Hause besuchst, was bringst du mit?", fragte sich Oprah Winfrey. „Du kannst nicht einfach eine Kerze mitbringen."

Faire Frage. Was geben Sie als Dankeschön, wenn Sie der Hausgast einer Ikone sind? Oprah sah sich diesem schwierigen sozialen Dilemma gegenüber, als sie und ihr Partner Stedman Graham 2002 einen zehntägigen Urlaub mit Mandela am Westkap verbrachten. Oprah hatte seit ihrer ersten Reise 1995 eine starke Verbindung zum Land gespürt, kurz nach den demokratischen Wahlen - und wurde von Nelson und Winnie Mandelas Aktivismus inspiriert. Und jetzt sollte sie einen ganzen Urlaub mit ihnen verbringen.

Oprah beschrieb ihre Zeit mit Mandela in seinem Haus als eine der großen Ehren ihres Lebens. Sie war zunächst eingeschüchtert und schrieb in einem Artikel in der Zeitschrift Forbes: „Ich hatte zu meinem Partner Stedman gesagt: „Worüber werde ich zehn Tage und zehn Nächte mit Nelson Mandela sprechen?" Und Stedman sagte: „Warum versuchst du nicht zuzuhören?"

So machte sie es. Allmählich fühlte sie sich wohl, wenn sie nur mit ihm herumhing. Eines Tages unterhielten sie sich bei Zeitungen und Tee darüber, was in den Nachrichten stand: Armut und wie man sie ändern kann. Oprah sagte: „Der einzige Weg, die Armut zu ändern, ist durch Bildung, und eines Tages möchte ich eine Schule in Südafrika bauen." Was sie als nächstes wusste, war, dass Mandela auf den Beinen war und den Bildungsminister anrief. An diesem Nachmittag war sie in einer Besprechung und sprach über den Bau einer Schule.

Sie schrieb, dass sie darüber nachgedacht hatte, wie sie ihre wohltätigen Bemühungen am besten so einsetzen könne, dass sie mit ihrem Geist in Einklang stünden. Und durch Mandelas Inspiration fand sie ihre Antwort - eine Führungsakademie für Mädchen mit demselben armen, dysfunktionalen und einsamen Hintergrund, aus dem sie selbst hervorgegangen war. Gepaart mit einem Gefühl von Resilienz und Hoffnung.

Sie versprach 10 Millionen US-Dollar für den Bau der Oprah Winfrey Leadership Academy für Mädchen in Henley on Klip, südlich von Johannesburg. Die Akademie öffnete fünf Jahre später, im Jahr 2007, ihre Tore. Am 2. Januar eröffnete der inzwischen pensionierte Nelson Mandela die neue Schule.

Also fand Oprah Winfrey das perfekte Geschenk für ihren Gastgeber. Wie sie er sich erhofft hatte, hinterließ sie etwas, das von Wert sein würde.

MASSNAHMEN GEGEN HIV/AIDS ERGREIFEN

Im Jahr 2002 besuchte Nelson Mandela einen Mann, der - anders als Madiba - bereit war, sein eigenes Leben für die Menschen seines Landes zu riskieren. Der Aktivist der Treatment Action Campaign (TAC), Zackie Achmat, war HIV-positiv. Er konnte teure, lebensrettende antiretrovirale (ARV) Medikamente einnehmen, weil großzügige Freunde bei den Kosten halfen. Achmat wusste, dass sich die Mehrheit der südafrikanischen HIV-positiven Menschen ARVs nicht leisten konnte und keinen Zugang zu erschwinglichen Behandlungen im öffentlichen Gesundheitswesen hatte. Er weigerte sich, die ARVs zu verwenden. Es sei eine Frage der Gleichheit, sagte er. Bis die Regierung sie im öffentlichen Sektor zur Verfügung stellte, würde er die Medikamente nicht einnehmen. Infolgedessen wurde er schwer krank.

Mandela besuchte Achmat, um ihn zu einer Behandlung zu überreden, war jedoch erfolglos. Er stimmte jedoch der Bitte von Achmat zu, die TAC-Botschaft an das nationale Exekutivkomitee des ANC weiterzuleiten.

Monate später besuchte der ehemalige Präsident eine HIV-Klinik der humanitären Organisation Médecins Sans Frontières in den Cape Flats. TAC-Aktivisten hatten T-Shirts mit der Aufschrift „HIV POSITIVE“ für Märsche getragen, um den Kampf für Offenheit und Gerechtigkeit im Zusammenhang mit HIV zu symbolisieren. Mandela zog ein "HIV POSITIVE"-T-Shirt an. Es war ein außergewöhnlicher Moment, eine kühne Geste zu einer Zeit, als Mandelas Nachfolger Thabo Mbeki und seine Regierung die Wissenschaft über den Zusammenhang zwischen HIV und Aids in Frage stellten und bei der Einführung der Behandlung mit den Füßen stampften.

Als er das sah, sagte Achmat, er wisse, dass er seine Pillen nehmen könne. Er musste nicht sterben. Mandelas Unterstützung hat das Blatt gewendet.

Mandela war wegen mangelnder Führung und mangelnder Maßnahmen der Regierung gegen HIV/Aids während seiner Präsidentschaft kritisiert worden. Zwar hatte die neue Regierung alle Hände voll zu tun, um die junge Demokratie aufzubauen, aber dennoch hätte ein proaktiver Ansatz dazu beitragen können, den stetigen Anstieg neuer HIV-Infektionen in dieser Zeit einzudämmen. Ein energischer Ansatz von

Mandela selbst mit seiner unübertroffenen moralischen Autorität hätte einen echten Unterschied machen können.

Im Januar 2005 versetzte Mandela der Stigmatisierung und dem Schweigen gegen HIV einen Schlag, als er bekannt gab, dass sein 54-jähriger Sohn Makgatho an Aids gestorben war. "Lassen Sie uns HIV/Aids bekannt machen und nicht verbergen, denn der einzige Weg, es wie eine normale Krankheit wie TB oder Krebs erscheinen zu lassen, besteht darin, immer herauszukommen und zu sagen, dass jemand an HIV gestorben ist", sagte Mandela bei Makgathos Beerdigung. "Und die Leute werden aufhören, es als etwas Außergewöhnliches zu betrachten."

Später im Leben wurde Madiba ein leidenschaftlicher Aktivist. Tatsächlich widmete er den größten Teil seiner öffentlichen Zeit und Aufmerksamkeit HIV/Aids. Seine Wohltätigkeitsorganisation - nach seiner Gefängnisnummer 46664 genannt - hat sowohl Geld gesammelt als auch Bewusstsein geschärft.

EWIGE FLAMME DER DEMOKRATIE

Am 10. Dezember 2011 entzündete der 93-jährige Nelson Mandela in seinem Haus in Qunu die Flamme der Demokratie, die auf dem Constitution Hill brennen sollte. Die Flamme wurde von der von Mandela angezündeten Kerze genommen und dann etwa tausend Kilometer lang durch das Land transportiert, von den sanften Hügeln des abgelegenen Ostkap zur geschäftigen Metropole Johannesburg.

Der 11. Dezember 2011 war der 15. Jahrestag der Unterzeichnung der Verfassung. Die Flamme, die Mandela angezündet hatte, wurde vom damaligen Vizepräsidenten Kgalema Motlanthe verwendet, um die Flamme der Demokratie zu entzünden. Die Flamme ging durch die Hände jedes Richters des Verfassungsgerichts, bevor sie die Schale berührte. Motlanthe sagte: „Wir müssen die Flamme entzünden, um die Dunkelheit unserer Vergangenheit zu zerstreuen. Die Ewige Flamme der Demokratie, die wir heute anzünden, darf niemals ausgeblasen werden, sondern für immer Licht auf unsere Nation werfen."

Die Flamme der Demokratie brennt außerhalb des Gerichts in einer der vier verbliebenen eigenständigen Treppenhäuser, was ehemals der Untersuchungshaft-Block des Old Fort Prison Bezirks war.

Mandela wurde in diesem Block festgehalten, als einer von 156 Aktivisten verhaftet und im historischen Verratsprozess angeklagt. Die ewige Flamme bedeutet das Engagement des Landes für Demokratie, Menschenrechte und Konstitutionalismus.

DER MANDELA-FILM

Als Produzent Anant Singh zum ersten Mal überlegte, einen Film zu machen, der auf dem Leben von Nelson Mandela basiert, konnte er sich nicht vorstellen, dass es fast zwei Jahrzehnte dauern würde, bis er auf die Leinwand kommt, oder dass seine Veröffentlichung so ergreifend mit dem Tod des großen Mannes zusammenfallen würde.

Singh war politisch aktiv und im Filmgeschäft tätig und hatte sich schon lange für die Idee interessiert, einen Film über Mandela zu drehen. Er nahm erstmals Kontakt über Fatima Meer auf, Autorin der 1988 autorisierten Biographie

Higher Than Hope. Mandela war immer noch im Gefängnis und die beiden Männer begannen über die Möglichkeit zu korrespondieren. Mandela war von der Idee eines Films über sein Leben nicht ganz überzeugt. Tatsächlich fragte er sich bescheiden, ob jemand daran interessiert sein würde, es zu sehen.

Singh beschreibt sein Treffen mit Mandela, nur zwei Wochen nach seiner Entlassung aus dem Gefängnis, als eine wundervolle Erfahrung: „Sie kommen nur aus Ehrfurcht vor ihm in den Raum und fühlen sich wohl. Wir haben über viele Dinge gesprochen, von der globalen Politik bis zur Familie. Er war so fürsorglich und so interessiert an meinem Standpunkt. Er erzählte mir von *Long Walk to Freedom*, seiner Autobiografie, die aus dem Gefängnis geschmuggelt worden war, und wir beschlossen, zu warten, bis sie veröffentlicht wurde, um den Film zu drehen."

Viele Filmemacher, darunter große Studios, wetteiferten um die Rechte an dem Buch, aber Mandela gefiel die Idee, dass ein Südafrikaner den Film macht. Mandela kannte Singh und seine Geschichte als Filmemacher und verlieh ihm die Rechte. Es war eine große Ehre und eine große Verantwortung für Singh.

Mandela sagte: „Ich vertraue dir, ich möchte, dass du diesen Film machst, störe mich nicht." Was er sagte, was meiner Meinung nach viel über ihn aussagte, war: „Zeig mir meine Schwächen vor meinen Stärken."

Er war ein bemerkenswerter Mensch, trotz der Misserfolge in seinen Beziehungen und in seinem Familienleben. Er hatte diese erstaunlichen Eigenschaften - Demut und Führung und Integrität. Es machte ihn zum perfekten Charakter für die Darstellung im Film. Das war der einfache Teil. Der schwierige Teil war es in zwei Stunden zu tun. Ich hätte eine zehnstündige Miniserie machen können, aber ich wollte einen Spielfilm machen. Es war eine entmutigende Aufgabe, weshalb es so lange gedauert hat, sie zu erledigen. Es gab 70 verschiedene Entwürfe, acht Autoren, mehrere Regisseure. Nachdem wir uns mit der Liebesgeschichte befasst hatten, funktionierte sie.

Mandela konnte den fertigen Film nicht sehen, aber er sah einen Teil des Filmmaterials. Singh reiste nach Qunu, um es ihm zu zeigen: „Ich habe den Tag mit ihm verbracht. Er war beeindruckt von dem, was er sah. Er erinnerte sich an die Charaktere und sprach über sie. Es war großartig für mich angesichts der Reise, die wir mit dem

Film unternommen hatten, und der Beziehung, die er und meine Familie im Laufe der Jahre aufgebaut hatten.

Long Walk to Freedom wurde am 5. Dezember 2013 in London als Royal Film Performance uraufgeführt. Singh beschreibt die Szene wie folgt: „Es war eine schicke Veranstaltung auf dem roten Teppich in London. Zindzi und Zenani waren an diesem Abend als unsere Gäste bei uns. Kate und William waren mit ihrem Gefolge da. Es war ein ganz besonderer, freudiger Abend."

Der Film hatte bereits begonnen, als Zindzi und Zenani die Nachricht von Mandelas Tod erhielten und in ihr Hotel zurückkehrten. Ich fragte, ob wir den Film stoppen sollten. Sie sagten, nein, Madiba würde das nicht wollen, also machten wir weiter", sagt Singh.

Als der Abspann lief, betrat Anant Singh mit Schauspieler Idris Elba neben ihm die Bühne, um die Nachrichten zu verbreiten. „Als wir herauskamen, dachten die Zuschauer, wir wären für Auszeichnungen da oben, aber als sie es hörten, standen die Leute unter Schock. Sie weinten. Es war eine surreale Erfahrung." Prinz William sprach kurz die Presse an, als er das Theater verließ.

Singh erinnert sich mit großer Zuneigung und Respekt an Mandela: „Im Laufe der Jahre, als wir Freunde wurden, sahen wir diese einzigartige Qualität, wie er mit allen Menschen, aus allen Lebensbereichen, von Königen bis zum Hotelpage im Hotel oder den Menschen, die in der Küche arbeiten, umging.“

MANDELAS TRAUM - EIN KRANKENHAUS FÜR DIE KINDER

Sie können vergessen, was Sie über Krankenhäuser wissen, wenn Sie das Nelson Mandela Kinderkrankenhaus (NMCH) in Johannesburg betreten. Es gibt keinen medizinischen Geruch, keine grauen Korridore, keine langen Schlangen und keine Luft der Angst und Vorahnung. Stellen Sie sich stattdessen einen luftigen, farbenfrohen und komfortablen Raum vor, in dem sich Kinder - und ihre Familien - wohl und zu Hause fühlen können. Die Technologie und Ausrüstung gehören zu den fortschrittlichsten auf der Welt.

Wenn Sie etwas über Nelson Mandela wissen, wissen Sie, dass er große Freude an Kindern hatte und sich tief um ihr Wohlergehen kümmerte. Er wollte ein hochmodernes, kindgerechtes Kinderkrankenhaus schaffen, um den Kindern in Südafrika und der Region zu helfen. Das NMCH ist die Erfüllung eines lang gehegten Traums von Mandela.

Im Jahr 2005 wurden Pläne für das Nelson Mandela Kinderkrankenhaus angekündigt, das ein Vorzeigeprojekt des Nelson Mandela Kinderhilfswerks sein sollte. Es war ein riesiges und ehrgeiziges Projekt, nicht zuletzt in Bezug auf die Finanzierung - es würde 1 Billion Rand kosten.

Im Juli 2009 übernahm Mandela im Rahmen seiner Geburtstagsfeier die Einweihung des Geländes und pflanzte einen Baum. Es war die letzte offizielle Veranstaltung, die er für das Krankenhaus durchgeführt hat. Bongi Mkhabela, CEO des Nelson Mandela Kinderhilfswerks, erinnert sich: „Er wurde zunehmend gebrechlicher und wir wussten nicht, wie lange wir ihn noch haben würden. Wir befürchteten, dass er dieses Projekt nicht verwirklichen würde. Für ihn war es wichtig, ein wenig von der Zukunft zu sehen, fast so wie Moses sagte: „Ich kann das verheißene Land sehen." Es war aufregend, dass wir den Grundstein gelegt haben, aber traurig, dass wir nicht wussten, wie lange er noch da sein würde. Seine Widmung der Website gab uns allen einen enormen Energieschub. Wir befanden uns in der schwierigen Planungs- und Spendenphase, aber danach gab es kein Zurück mehr, wir mussten dies tun.“

Das Kinderkrankenhaus blieb ein Projekt, das ihm am Herzen lag, sagt sie. „Auch wenn seine Gedanken nicht sehr klar waren, war es im Krankenhaus sehr klar. Wann immer ich ihn sah, fragte er: "Wie geht es dem Krankenhaus?" Nachdem er sich nach Qunu zurückgezogen hatte, traf ich mich dort mit Frau Machel, um über das Krankenhaus zu sprechen. Er kam herein und fragte, was wir machten, und wir sagten, wir hätten ein Planungstreffen über das Krankenhaus, und er sagte: „Planen? Warum planen Sie noch? "

Die Planung hat sich endlich ausgezahlt. Das Krankenhaus wurde im Dezember 2016 eröffnet. Die ersten Patienten wurden im Juni 2017 aufgenommen. Nelson Mandela erlebte die Eröffnung des nach ihm benannten Krankenhauses nicht mehr, aber seine Witwe Graça Machel, selbst eine überzeugte Verfechterin der Kinderrechte, ist die Vorsitzende der Krankenhausstiftung.

SING ES RICHTIG

Bongi Mkhabela erzählt eine Geschichte, die veranschaulicht, was für ein Verfechter Mandela war, um die Dinge korrekt zu machen und dass der Erfolg in den Details begründet liegt.

Wir waren in Limpopo, um an einer Veranstaltung des Kinderhilfswerks im Zuge seines Geburtstags teilzunehmen. Die Veranstaltung wurde im Fernsehen übertragen. Wir beginnen also mit der Nationalhymne, aber wir singen nicht alles, weil wir nur eine begrenzte Zeit auf Sendung haben und ein bisschen von der Hymne haben wollen und ein paar Worte von ihm hören wollen. Nur wegen der Zeitvorgabe verkürzen wir die Hymne und das bedeutet, dass wir „Die Stem" (1957 bis 1997 die offizielle Nationalhymne, seit 1997 bildet sie einen Teil der neuen Hymne) weglassen.

Als wir fertig sind, steht Mandela auf und sagt: „Nein, das ist nicht die Nationalhymne. Ihr werdet es wieder singen und ihr werdet alles singen."

Was wir natürlich gemacht haben. Wir fingen wieder an und sangen alles. Es hat uns ein bisschen verrückt gemacht, aber Sie müssen verstehen, dass es für ihn um das Thema

Versöhnung ging. Wenn man nicht die gesamte Nationalhymne gesungen hat, setzt man eine Agenda aufs Spiel, an die er sehr geglaubt hat. Kein öffentliches Ereignis war nur ein Ereignis, es war eine Gelegenheit, Menschen einzubeziehen, Einfluss zu nehmen, zu informieren und die Regenbogennation zu schaffen, über die wir sprechen.

WEIHNACHTEN IN QUNU

Jeder, der mit Mandela im öffentlichen Raum arbeitete, wusste, dass er nur wenige Minuten davon entfernt war, belagert zu werden. Als Mandela zu Weihnachten nach Qunu zurückkehrte, war es Tradition, eine Weihnachtsfeier für die Kinder in der Region zu veranstalten. Es begann eher informell mit ein paar hundert Kindern, und die Mitarbeiter des Präsidenten, einschließlich der Leibwächter, kamen herein, um beim Packen von Geschenkpaketen zu helfen. Bis 2002, als Oprah Winfrey gemeinsam mit Nelson Mandela die Weihnachtsfeier veranstaltete, kamen 15.000 Kinder, um Mandela zu besuchen und ein Geschenk und eine Mahlzeit zu bekommen.

Nachdem Mandela einen gefährlichen Ansturm abgewendet hatte, beschloss er, das Kinderhilfswerk mit seiner umfassenden Erfahrung bei der Organisation von Kinderveranstaltungen, die Organisation der Weihnachtsfeier übernehmen zu lassen.

Bongi Mkhabela erinnert sich, dass sie zuvor mit 10.000 geplant hatten und 15.000 kamen. Dieses Mal rechneten sie damit, dass 20.000 kommen könnten, aber sie planten mit 25.000, nur um auf der sicheren Seite zu sein. Ein großer Sponsor wurde gewonnen und jedes Kind bekam eine Schultasche mit Schreibwaren, einem Spielzeug, Unterwäsche und Schulkleidung.

Mkhabela war mit ihrer Familie als Freiwillige dort: „Am frühen Morgen rief mich eine Kollegin nach draußen. Ich stellte mich auf den Steinhügel und schaute in die Ferne und bemerkte, dass das, an was ich dachte, ich für einen Wald hielt. Mein Kollege sagte: „Schauen Sie noch einmal. Das sind keine Bäume, das sind Menschen." Ich glaube, 70.000 Menschen sind gekommen. Es hat unsere Systeme völlig überfordert und war ein absolutes Sicherheitsrisiko.

Sie müssen verstehen, dass wir bei Veranstaltungen des Kinderhilfswerks die Kinder betreuen. Wir haben Namen und Formen. Pro 20

Kinder gibt es eine Pflegekraft. Es gibt medizinische Versorgung und genügend Wasser. Und jetzt bin ich mitten im Wahnsinn! Das war erschreckend.

Wir haben die Geschenke von diesen riesigen Lastwagen weggegeben, aber wir mussten die Lastwagen schließen und von Qunu wegschicken, um einen Ansturm zu vermeiden. Sobald die Lastwagen weg waren, begannen sich die Leute zu zerstreuen. Und dann kamen Mandela und Frau Machel heraus, er trug sein Kindergeld-T-Shirt und die Leute kamen zurück! Als Manager ist es ein Albtraum, weil er nur Leute anzieht. Er will dort sein, er will sie begrüßen, er bekommt Energie aus ihrer Energie.

Am Ende dieses Tages, als kein Kind mehr in der Nähe war und alle in Sicherheit waren, hatte ich noch nie ein solches Gefühl der Erleichterung.

Danach sagten wir: „Tata, wir lieben dich und wir lieben die Kinder, aber wir können das nicht noch einmal tun. Ich wünschte, wir könnten es noch tun, aber wir können es nicht."

DER GEWINN DER AUSTRAGUNG DER WELTMEISTERSCHAFT

Südafrika war eines von fünf Ländern, die sich um die Ausrichtung der FIFA-Weltmeisterschaft 2010 bewarben. Die Fifa hatte das Turnier in diesem Jahr für ein afrikanisches Land reserviert, und Südafrika trat gegen Ägypten, Marokko, Tunesien und Libyen an. Nachdem Südafrika erfolgreich große internationale Sportereignisse wie die Rugby-Weltmeisterschaft 1995 und die Cricket-Weltmeisterschaft 2003 ausgerichtet hatte, war es für das Land von Vorteil, das Recht auf die Durchführung der FIFA Weltmeisterschaft des Jahres 2006 zu gewinnen - aber verlor knapp.

Für das Gebot 2010 gingen die Veranstalter kein Risiko ein. Nelson Mandela wurde in Dienst gestellt, um Südafrika zum Sieg zu verhelfen. Er und Erzbischof Desmond Tutu flogen in die Karibik, um sich bei den Vorsitzenden der Konföderation der nord-, mittelamerikanischen und karibischen Fußballverbände (Concacaf) für das südafrikanische Gebot einzusetzen.

Mandela, der 85 Jahre alt war, als er die Reise im April 2004 unternahm, erzählte der großen Menge, die auftauchte, um ihn zu sehen, dass er sich den Anweisungen seines Arztes widersetzt hatte, nach Trinidad und Tobago zu kommen. Er sah gebrechlich und alt aus und sagte tatsächlich: „Dies ist meine letzte Auslandsreise - ich bin hier, um Südafrika zu vertreten."

Er war vielleicht gebrechlich, aber Mandela brachte ein emotionales Argument für das Gebot Südafrikas und es blieb bis zur letzten Minute spannend. Bei einem Abschiedsessen für das Ausschreibungskomitee sagte Mandela: „Nach einem Jahrzehnt friedlichen Zusammenlebens in unserer blühenden Demokratie haben wir in der Tat viel zu feiern. In diesem Jahr unserer Feier könnte es kaum bessere Geschenke für uns geben, als die Austragung der Fußball-Weltmeisterschaft 2010 zugesprochen zu bekommen."

Tage später reiste er nach Zürich, um sich der südafrikanischen Delegation anzuschließen, zu der Präsident Thabo Mbeki, Erzbischof Desmond Tutu, der frühere Präsident FW de Klerk und die Fußballlegende Lucas Radebe gehörten. Mandela beschrieb, wie der Sport auf Robben Island, wo er inhaftiert war, für Befreiung und Unterhaltung gesorgt hatte und welche Rolle der Fußball beim Abbau von Rassenbarrieren spielte. Erzbischof Tutu versprach den Mitgliedern des Fifa-Exekutivkomitees offenbar scherzhaft "eine

Freikarte für den Himmel", wenn sie für Südafrika stimmten – „Aber nutzen Sie es nicht sofort", sagte er. Man kann mit Sicherheit sagen, dass Südafrika alle Register gezogen hat.

Die Bekanntgabe erfolgte am 15. Mai 2004. Mandela saß vor dem Auditorium, als Fifa-Präsident Sepp Blatter langsam die Karte aus dem Umschlag zog und verkündete: „Die Weltmeisterschaft 2010 wird organisiert von ... Südafrika ... Wir können alle Afrika applaudieren. Der Sieger ist Fußball. Der Sieger ist Afrika."

Die südafrikanische Delegation brach in Entzücken aus. Mandela lächelte, als er den Weltcup-Pokal hochhielt und sagte: „Ich fühle mich wie ein junger Mann von 50 Jahren." Zu Hause war das freudige Tröten von Vuvuzelas landesweit zu hören, als die Südafrikaner jubelten und feierten, als hätten sie bereits gewonnen.

RUFT MICH NICHT AN, ICH RUFE EUCH AN...

Kurz vor seinem 86. Geburtstag im Jahr 2004 berief Mandela eine Pressekonferenz ein. Sein

Tagebuch und seine öffentlichen Aktivitäten sollten erheblich reduziert und seine Zeit für Familie, Freunde und sich selbst aufgewendet werden, sagte er. „Es gibt einen Grund, warum ich mich sehne, wieder im Gefängnis zu sein – ich hatte nach meiner Freilassung so wenig Gelegenheit, zu lesen, nachzudenken und ruhig zu reflektieren. Ich beabsichtige unter anderem, mir viel mehr Gelegenheit zum Lesen und Nachdenken zu geben."

Er appellierte weiter: „Von nun an möchte ich Sie anrufen und fragen, ob ich willkommen wäre, anstatt aufgefordert zu werden, Dinge zu tun und an Veranstaltungen teilzunehmen. Der Appell lautet daher: Ruft mich nicht an, ich rufe Euch an... Wir vertrauen darauf, dass die Menschen unsere Überlegungen verstehen und uns die Möglichkeit geben, ein viel ruhigeres Leben zu führen. Und ich danke Ihnen allen in Erwartung auf Ihre Rücksichtnahme."

Er endete mit seinem typischen Charme und seinem selbstironischen Humor: „Vielen Dank für Ihre Aufmerksamkeit und vielen Dank, dass Sie freundlich zu einem alten Mann waren - damit er sich ausruhen konnte, selbst wenn viele von Ihnen das Gefühl haben, dass die Erholung nach 27 Jahren auf einer Insel und an anderen Orten nicht wirklich verdient ist."

Aber Mandela bekam nicht das ruhigere Leben, das er sich wünschte. Verne Harris, Direktor für Archiv und Dialog bei der Nelson Mandela Foundation, der ab 2004 mit Mandela zusammenarbeitete, sagte: „Er war endlosen Anforderungen ausgesetzt. Und als er älter wurde, war es schlimmer, er wurde benutzt und manipuliert."

Nicht jeder war sensibel für seinen Wunsch nach Frieden oder für seine nachlassende Gesundheit. Seine Hörgeräte machten es ihm schwer, mit viel Lärm zu hören und sich zu konzentrieren, und ab etwa 2006 wurde mitgeteilt, dass er nicht gerne mit mehr als drei Personen gleichzeitig zusammen war. Und doch kamen die Leute weiterhin in großen Gruppen an.

Früher nannte er die Leute in seinem Stab "meine Wächter", sagt Harris. „Es war ein Witz, aber er sagte auch, dass er nicht wirklich frei sei." Manchmal fand er jedoch einen Weg, ein Machtwort zu sprechen. Harris erzählt eine Geschichte aus eigener Erfahrung im Jahr 2010:

„Kathy Kathrada und ich haben zusammen an einem Projekt gearbeitet. Wir hatten eine Reihe von Fragen, die nur Madiba beantworten konnte. Wir gingen zu seinem Haus und fanden ihn entspannt vor und gerade dabei, die Zeitungen zu lesen. Ich konnte sehen, dass er über die Aussicht auf eine arbeitsbezogene Diskussion irritiert war. Nach unseren einleitenden Bemerkungen und der Detaillierung der Fragen antwortete er: „Jungs, in meinem Alter erinnert man sich an einige Dinge und an andere nicht. Jetzt kann ich mich an nichts erinnern, worüber ihr mich gefragt habt. Macht es Euch etwas aus, wenn ich meine Zeitung lese?"

Wir waren weggeschickt worden. Das war das letzte Mal, dass ich mit einer Arbeitssache zu Madiba ging.

WAGE NICHT ZU ZÖGERN

Long Walk to Freedom, Nelson Mandelas wundervolle Autobiografie, endet mit seiner Amtseinführung als Präsident Südafrikas und mit den Worten: „Ich habe mir hier einen Moment Zeit genommen, um mich auszuruhen, einen Blick auf die herrliche Aussicht zu stehlen, die mich umgibt, um zurückzublicken auf die Strecke, von der ich gekommen bin. Aber ich kann mich nur für einen Moment ausruhen, denn mit der Freiheit geht Verantwortung einher, und ich wage nicht zu zögern, denn mein langer Weg ist noch nicht beendet."

Gegen Ende seiner Präsidentschaft begann Mandela mit der Arbeit an einem zweiten Buch, das seine Jahre als Präsident von Südafrika aufgreift. Er hat es nie abgeschlossen. Als er starb, hinterließ er rund 70.000 Wörter. Die berühmte Schriftstellerin Mandla Langa erhielt die Aufgabe, Nelson Mandelas handgeschriebenen Entwurf in ein zusammenhängendes und überzeugendes Buch zu verwandeln. In Anlehnung an die letzte Zeile von *Long Walk to Freedom* nannte er das Buch *Dare Not Linger* *Wage nicht zu zögern*.

Nach einem kurzen Moment von "Das ist verrückt, ich werde das nicht tun!" machte sich Langa an die Arbeit: "Es war zuerst entmutigend. Als Schriftsteller hatte ich die Kontrolle über die Charaktere. Hier war die bekannteste Ikone der Welt und ich musste sicherstellen, dass seine Stimme sich durchsetzte. Es gab ein Gefühl des Respekts, aber ich wusste, dass ich tun musste, was ich tun musste. Wir huldigen einer Person, wenn wir bei der Darstellung oder Interpretation einer Figur so frei wie möglich sind, anstatt wenn wir uns ihnen ständig widersetzen. Ich habe versucht, ihn zu akzeptieren und ihn in all seiner Komplexität zu sehen."

Langa verbrachte ein Jahr damit, zu schreiben und zu recherchieren. Glücklicherweise war Mandela ein akribischer Notizenmacher und zusammen mit den ursprünglichen Entwürfen hatte Langa Zugang zu Mandelas detaillierten Notizen, die im Verlauf der Ereignisse gemacht wurden. Und dann gab es den persönlichen Input von Mandelas Witwe Graça Machel, seinen Redenschreibern Joel Netshi Tenzhe und Tony Trew und anderen. Das Ergebnis ist eine aufschlussreiche Erinnerung, die Einblick in die Ereignisse dieser bemerkenswerten Jahre und Mandelas eigene Gedanken über sie und den Kontext gibt, in dem sie stattfanden.

Mit diesem Mammutprojekt hinter sich hat Langa vielleicht einen einzigartigen Einblick in Mandela, sein Erbe und wie er heute gesehen wird, gegeben: „Einerseits haben wir diese Teddybär-Version des Mannes. Der Versöhnungs-Junkie. Wir vergessen, dass dies der Mann war, der freiwillig die Defiance-Kampagne leitete. Um das ins rechte Licht zu rücken: Es war vier Jahre her, seit die Nationalistische Partei an die Macht gekommen war. Südafrika war ein sehr rauer Ort, um schwarz zu sein und sich in die oppositionelle Politik einzubringen, und er sagte: „Ich werde das Gesicht davon sein, ich werde der Führer sein ..." Wir haben den Mut nicht immer geschätzt.

Als er dann die Verhandlungen aufnahm, war das eine sehr schwierige Sache. In gewisser Weise zwang er die Hand des ANC. Es gab unglaublichen Widerstand innerhalb des ANC. Aber er drückte. Der ANC befand sich in einem Momentum gefangen, in dem sie ihm fast folgen mussten. Und ich sehe mir an, wie er zum Zeitpunkt der Verhandlungen mit dem rechten Flügel umgegangen ist. Das war eine sehr schwierige Situation. Alles hätte passieren können.

Revisionisten haben begonnen, Aspekte von Mandelas Erbe in Frage zu stellen: War er zu sehr auf Versöhnung fokussiert, zu beschwichtigend für die weiße Minderheit?

Es ist unvermeidlich, sagte Langa, dass es wie bei jeder historischen Figur viele Fragen gibt. Die Menschen betrachten ihn durch die Linse von heute und verlieren manchmal die besondere Dynamik und den Druck der Zeit aus den Augen, die Art von Kräften, die gegen ihn gerichtet waren, und seine Mission in Richtung dieses demokratischen Südafrika.

Nelson Mandela war mit Stabilität beschäftigt und schuf Bedingungen für Demokratie. Er glaubte, dass der nächste Schritt stattfinden würde, wenn er den Staffelstab an andere weitergibt, dass sie sich mit einigen der Probleme befassen werden.

Ich denke, während der Verhandlungen hätte der Frage der Wirtschaft, den Fragen der Landumverteilung, viel mehr Aufmerksamkeit geschenkt werden müssen. Die wirtschaftliche Verschlechterung reicht Jahrhunderte zurück. Wir leben immer noch mit den Auswirkungen davon. Was wir nicht getan haben, ist auf seinem Erbe aufzubauen, um eine viel lebenswertere Demokratie zu schaffen.

Aber die Rückschau ist eine exakte Wissenschaft. Und da ist die Enttäuschung über die aktuellen Umstände, und daraus entsteht die Kritik gegen Nelson Mandela - "wenn er nur dies oder das getan hätte". Es ist verständlich, aber manchmal enttäuschend.

„Wie wäre Südafrika ohne Mandela gewesen? Ich denke, es wäre ein Ödland gewesen. Wir wären uns gegenseitig an den Hals gegangen. Wir hätten keine funktionierende Demokratie, das ist sicher. Mandela hat uns geholfen, zu wissen, was es bedeutet, ein Südafrikaner zu sein und mit erhobenem Kopf in der Welt zu wandeln. “

HAMBA KAHLE TATA

Am späten Donnerstag, dem 5. Dezember 2013, hörten die Südafrikaner die Nachricht - Nelson Mandela war tot. Er war im Alter von 95 Jahren an einer längeren Atemwegsinfektion verstorben.

Die Nation hatte die Nachrichten seit Wochen erwartet und gefürchtet, aber trotzdem und trotz seines Alters, als es passierte, wurden sie beraubt.

Sie taten, was Menschen in Trauer taten: Sie versammelten sich, um zu trauern und sich zu erinnern, um zu weinen und um zu danken. Durch die Nacht hindurch und den Freitagmorgen und durch die Woche kamen Leute vor seinem Haus in Houghton an. Sie brachten Blumen und Notizen und Fotos und Kerzen und bauten kurzentschlossen Pflastersteinschreine. Sie brachten Kinder und Babys mit und machten Fotos und Selfies. Sie weinten und sangen und beteten. Auf dem grasbewachsenen Bürgersteig buchstabierten Kinder mit Steinen: „Wir lieben dich, Mandela."

In der Vilikazi-Straße in Soweto versammelten sich Menschen, einige in ANC-

Farben gehüllt, und sangen die Lieder, die sie in den Kampfjahren sangen, um gegen seine Inhaftierung zu protestieren, die Texte jetzt erfüllt von neuer Bedeutung: „Wir haben Mandela nicht an dem Ort gesehen, an dem er ist, an dem Ort, an dem er festgehalten wird."

Zehn Tage lang trauerte die Nation. Im ganzen Land, an Kultstätten, auf öffentlichen Plätzen, in Schulen und Büros zollten sie Tribut. Gedenkgottesdienste wurden abgehalten. Flaggen wehten nicht nur in Madibas Heimatland, sondern auch in US-Regierungsgebäuden und im Buckingham Palace auf Halbmast. Mahnwachen wurden abgehalten und Momente der Stille auf der ganzen Welt beobachtet. Bei den Grammy-Nominierungen in Los Angeles und der Auslosungszeremonie für die Fifa-Weltmeisterschaft 2014 in Brasilien und der südafrikanischen Botschaft in Teheran.

Sie fühlten den Verlust Südafrikas als ihren eigenen.

Der offizielle Gedenkgottesdienst fand am 10. Dezember im FNB-Stadion von Johannesburg an einem ungewöhnlich kühlen und regnerischen Tag statt. Könige, Präsidenten und Popstars kamen, um ihren Respekt zu erweisen. Über 70 Staatsoberhäupter. Vier amerikanische

Präsidenten. Oprah und Bono. Kenneth Kaunda. Kofi Annan.

Mehr als 100.000 Menschen betrachteten seinen Körper in den Union Buildings in Pretoria. An den Ort, an dem sie seine Amtseinführung als ihr erster demokratisch gewählter Präsident miterlebten, kamen sie, um ihm „Lebe wohl!" zu sagen.

Am 15. Dezember 2013 fand in Qunu am Ostkap eine staatliche Beerdigung statt. Mit der Liebe und dem Dank der Nation, die er befreit hatte, wurde Nelson Mandela in den sanften Hügeln beigesetzt, in denen er als Kind gewandert war, von denen er im Gefängnis geträumt hatte und nach denen er sich in seinem Ruhestand sehnte.

QUELLEN

Mandela als Junge

Von Eseln und Ehrlosigkeit: Nelson Mandela, *Long Walk to Freedom,* Macdonald Purnell, 1994, S. 10.

Ein Mann werden: Mandela, *Long Walk to Freedom*, S. 24.

Sich ausbreitende Horizonte: Mandela, *Long Walk to Freedom*, S. 39.

Inmitten der intellektuellen Elite: Mandela, *Long Walk to Freedom*, S. 45.

Vorgesetzte und Prinzipien: Mandela, *Long Walk to Freedom*, S. 49.

Flucht in die Goldstadt: '"I Will Go Singing": Walter Sisulu Speaks of His Life and Struggle for Freedom', Interview mit George M. Houser and Herbert Shore, 1995. South African History Online. Abrufbar unter www.sahistory.org.za, abgerufen am 20. Februar 2018.

Mandela als junger Mann

Die Gründung der ANC-Jugend-Liga: Mandela, *Long Walk to Freedom*, S. 94.

Erste Liebe: Mandela, *Long Walk to Freedom*, S. 193.

"Als ich Mandela traf": George Bizos, *65 Years of Friendship*, Umuzi, 2015, S. 25.

Trotzkampagne und freiwilliger Anführer: Mandela, *Long Walk to Freedom*, S. 122.

Mandela und Tambo Rechtsanwälte: Glenn Frankel, *Rivonia's Children*, Jacana, 2011, S. 49; Dikgang Moseneke, *My Own Liberator: A Memoir*, Picador Africa, 2016, S. 207; Luli Callinicos, *The World that Made Mandela*, Real African Publishers, 2000.

Im Ring und auf der Straße: Mandela, *Long Walk to Freedom*, S. 180.

Das Pochen des Polizisten an der Tür...: Rusty Bernstein, *Memory Against Forgetting: Memoirs from a Life in South African Politics*, Viking, 1999; Helen Joseph, *If This Be Treason*, André Deutsch, 1963.

Mandela auf der Flucht

Der schwarze Pimpernel: Ahmed Kathrada, *Memoirs*, Zebra Press, 2005, S. 148.

Der Speer der Nation: Mandela, *Long Walk to Freedom*, S. 262.

Afrikas Unterstützung für den Kampf suchen: Mandela, *Long Walk to Freedom*, S. 283.

Reisestiefel: Penny Dale, 'The man who taught Mandela to be a soldier', BBC News, 9 December 2013.

Im Gerichtssaal – und Gefängniszeit: Mandela, *Long Walk to Freedom*, S. 311.

Mandela als Strafgefangener

Der Staat gegen Nelson Mandela und andere: Anthony Sampson, *Mandela: The Authorised Biography*, HarperCollins, 1999, S. 196; 'Statement by Albert Luthuli on the conclusion of the Rivonia Trial', 12 Juni 1964. Abrufbar unter www.anc.org.za, abgerufen am 6. März 2018.

Der Spaßvogel: Christo Brand, *Doing Life with Mandela*, Jonathan Ball, 2014, S. 77.

Den Kampf auf die Insel bringen: Sampson, *Mandela*, S. 206; *Long Walk to Freedom*, S. 376; Interview mit Fikile Bam, *PBS Frontline*, kein Datum. Abrufbar unter www.pbs.org, abgerufen am 6. März 2018; Mandela, *Long Walk to Freedom*, S. 404; Neville Alexander, *Robben Island Prison Dossier*, UCT Press, 1994, S. 34.

Das Baby halten: Brand, *Doing Life with Mandela*, S. 33.

Kenne deinen Feind...: Interview mi Fikile Bam, *PBS Frontline*, kein Datum.

Kalter Komfort und Eisduschen: Kathrada, *Memoirs*, S. 203.

Briefe aus dem Inneren: Ghaleb Cachalia, Interview mit dem Autor, Januar 2018.

Herzzerreißende Nachrichten von zu Hause: Mandela, *Long Walk to Freedom*, S. 99; Nelson Mandela Centre of Memory, 'Mandela gets closure on 1969 death of eldest son', *TimesLive*, 22. Februar 2012. Abrufbar unter www.timeslive.co.za, abgerufen am 6. März 2018.

"Hier bist du unter Freunden": 'Ronnie Mamoepa remembers his time and Madiba in jail', SABC Digital News, 13. Dezember 2013. Abrufbar unter www.youtube.com/watch?v=PCAztaMkQKE, abgerufen am 6. März 2018. Lionel Davis, Interview mit dem Autor, Januar 2018.

Mandela als Verhandlungsführer

Die Macht der Berührung: Mandela, *Long Walk to Freedom*, S. 505.

Letzter Schritt auf dem Weg in die Freiheit: Mandela, *Long Walk to Freedom*, S. 537.

Freiheit für einige: Freedom for some: Mandela, *Long Walk to Freedom*, S. 547.

Mandela wird freigelassen

Freunde finden und Unterstützung gewinnen: John Carlin, *Knowing Mandela: A Personal Portrait*, Atlantic Books, 2013; Robin Renwick, *Mission to South Africa: Diary of a Revolution*, Jonathan Ball, 2015, S. 137.

Mandela und Tambo, wieder vereint: Valli Moosa, Interview mit dem Autor, Januar 2018.

Befreit Mandela (von Frau Thatcher!): Renwick, *Mission to South Africa*, S. 142–143.

Im Ring mit Ali: BBC News, 'Muhammad Ali letter to Nelson Mandela sold for £7,200', 17. Dezember 2016.

Lege dich nicht mit Mandela an: Danny Schechter, *Madiba A to Z: The Many Faces of Nelson Mandela*, Jacana, 2013, S. 24.

Ein Überraschungsbesuch des Präsidenten: Debora Patta, Interview mit dem Autor, Januar 2018.

Der Einheimische, der alle Probleme verursacht hat: John Kani, Interview mit dem Autor, Januar 2018.

Journalisten bezaubern: Rich Mkhondo, Interview mit dem Autor, Januar 2018.

Streit über den Friedensnobelpreis: Bizos, *65 Years of Friendship*, S. 214; Sampson, *Mandela*, S. 474.

Mandela als Präsident

Mandela gibt seine Stimme ab: Mandela, *Long Walk to Freedom*, S. 610.

Ein neues Südafrika, ein neuer Präsident: Bill Keller, 'Mandela is named president, closing the era of apartheid', *The New York Times*, 9. Mai 1994.

Es gibt kein Ihr und Wir mehr: Rory Steyn, Interview mit dem Autor, Januar 2018.

Es geht immer um die Kinder: Bongi Mkhabela, Interview mit dem Autor, Januar 2018.

Kochen für einen König: Brett Ladds, Interview mit dem Autor, Januar 2018.

Es war die Zeit meines Lebens…: Vanessa Mitchell, Interview mit dem Autor, Januar 2018.

Melktert in Oranien: Amina Cachalia, *When Hope and History Rhyme: An Autobiography*, Picador Africa, 2013, S. 2.

Tanzen mit der Queen: Renwick, *Mission to South Africa*, S. 174.

Einen Traum erfüllen: Kathrada, Memoirs, S. 361.

'Asimbonanga' – Wir haben ihn nicht gesehen…: Johnny Clegg, Interview mit dem Autor, Januar 2018; 'Johnny Clegg (with Nelson Mandela) – Asimbonanga 1999 [1997]', YouTube, veröffentlicht am 17. August 2007. Abrufbar unter www.youtube.com/watch?v=BGS7SpI7obY, abgerufen am 6. März 2018.

Zwei Präsidenten: Rich Mkhondo, 'Laughing his way through life', The Star, 9. Dezember 2013. Abrufbar unter www.iol.co.za, abgerufen am 6. März 2018; Scott Pelley, 'Bill Clinton talks about his friendship with Nelson Mandela', CBS News, 5. Dezember 2013.

Hallo, Nachbar: eNCA, 'Madiba's neighbours reflect on their friend', 7. Dezember 2013. Abrufbar unter www.enca.com, abgerufen am 27. Februar 2018.

Mandela im Alter

Spät blühende Liebe: Nelson Mandela, *Conversations With Myself*, Pan Macmillan, 2010.

Der Mandela-Film: Anant Singh, Interview mit dem Autor, Januar 2018.

Mandelas Traum – Ein Krankenhaus für die Kinder: Bongi Mkhabela, Interview mit dem Autor, Januar 2018.

Sing es richtig: Bongi Mkhabela, Interview mit dem Autor, Januar 2018.

Weihnachten in Qunu: Bongi Mkhabela, Interview mit dem Autor, Januar 2018.

Der Gewinn der Austragung der Weltmeisterschaft: Staff Reporter, 'How Madiba was strongarmed in World Cup bid', *Mail & Guardian*, 12. Mai 2006. Abrufbar unter mg.co.za, abgerufen am 6. März 2018.

Ruft mich nicht an, ich rufe Euch an…: Verne Harris, Interview mit dem Autor, Januar 2018.

Wage nicht zu zögern: Mandela, *Long Walk to Freedom*, S. 617; Mandla Langa, Interview mit dem Autor, Januar 2018.

Ausgewählte Bibliographien

Alexander, Neville, *Robben Island Prison Dossier*, UCT Press, 1994.

Bernstein, Rusty, *Memory Against Forgetting: Memoirs from a Life in South African Politics*, Viking, 1999.

Bizos, George, *65 Years of Friendship*, Umuzi, 2015.

Brand, Christo, *Doing Life with Mandela*, Jonathan Ball, 2014.

Cachalia, Amina, *When Hope and History Rhyme: An Autobiography*, Picador Africa, 2013.

Callinicos, Luli, *The World that Made Mandela*, Real African Publishers, 2000.

Carlin, John, *Knowing Mandela: A Personal Portrait*, Atlantic Books, 2013.

Du Preez Bezdrob, Anné Mariè, *Winnie Mandela: A Life*, Zebra Press, 2003.

Frankel, Glenn, *Rivonia's Children*, Jacana, 2011.

Joseph, Helen, *If This Be Treason*, André Deutsch, 1963.

Kathrada, Ahmed, *Memoirs*, Zebra Press, 2004.

Mandela, Nelson, *Long Walk to Freedom*, Macdonald Purnell, 1994.

Mandela, Nelson, *Conversations With Myself*, Pan Macmillan, 2010.

Mandela, Nelson and Mandla Langa, *Dare Not Linger: The Presidential Years*, Pan Macmillan, 2017.

Moseneke, Dikgang, *My Own Liberator: A Memoir*, Picador Africa, 2016.

Renwick, Robin, *Mission to South Africa: Diary of a Revolution*, Jonathan Ball, 2015.

Sampson, Anthony, *Mandela: The Authorised Biography*, HarperCollins, 1999.

Schechter, Danny, *Madiba A to Z: The Many Faces of Nelson Mandela*, Jacana, 2013.

KATE SIDLEY ist Schriftstellerin, Herausgeberin, Rezensentin und Kolumnistin und arbeitet für eine Vielzahl von Magazinen und Zeitungen, sowohl in Print- und Online-Form als auch im Radio. Sie ist Autorin des Buches *The Agony Chef* und Mitautorin des Stücks *Shape*.